诗词上海

系列丛书

2012第二卷

（总第六卷）

主　编：褚水敖

陈鹏举

上海市作家协会　主管

上海诗词学会　编

文匯出版社

图书在版编目（CIP）数据

上海诗词. 2012. 第2卷 / 褚水敖，陈鹏举主编. --
上海 ：文汇出版社，2012.12
（上海诗词系列丛书）
ISBN 978-7-5496-0755-6

Ⅰ. ①上… Ⅱ. ①褚… ②陈… Ⅲ. ①诗词—作品集
—中国—当代 Ⅳ. ①I227

中国版本图书馆CIP数据核字(2012)第273461号

上海诗词

主　　编 / 褚水敖、陈鹏举
编　　著 / 上海诗词学会
责任编辑 / 甘　棠
装帧设计 / 福莱达艺术机构（上海）

出版发行 / 文匯出版社
上海市威海路 755 号（邮政编码：200041）
经　　销 / 全国新华书店
印　　刷 / 江苏省启东市人民印刷有限公司
版　　次 /2012 年 11 月第 1 版
印　　次 /2012 年 11 月第 1 次印刷
开　　本 /1/16
字　　数 /220 千
印　　张 /13.25
书　　号 /ISBN978-7-5496-0755-6
定　　价 /25.00 元

丛书编委会名单

目录

卷首语

诗国华章

龙吟端午

海上诗潮

目录

霜林集叶

风云酬唱

偶成书感

林檎和韵

馨韵唱酬

目录

雏凤清声

云间遗音

九州吟草

骚坛鸿雪

观鱼解牛

“三味诗词”，首在新味

■ 褚水敖

前不久，在上海诗词学会举行的新会员见面会上，一位诗友郑重其事地提出“三味诗词”：他主张吟诗填词，应该崇尚“三味”，即新味，韵味和趣味。若是“三味”俱备，便是诗词上乘。

“三味诗词”，粗略地听去，似乎不大新鲜。但仔细一想，真是深可玩味。这实际上是为诗坛树起了三根标尺，对我们当前的诗词创作很有针对性，将它称为诗词写作的“要言妙道”，也不为过。

而“三味”之中，首在新味。

韵味对于诗词的意义，自然最易明白。或诗或词，韵味悉备，这既是内在的质地，也是外面的光彩，体现着深沉而简远的境界。对此，古人十分关注，陈善在他著名的《扪虱新话》中言道：“予每论诗，以陶渊明、韩杜诸公皆为韵胜。”最为明显的是北宋后期以来，诗界论诗无不称“韵”，一个“韵”字，简直成了诗坛的流行术语。真是诗词而无韵味，“不知其可也”。

韵味无须多说。通观当今诗坛，并不缺失有韵味的诗词。但是说到趣味，则是尺度提高，既有韵味而又具趣味的作品，不是很多，而是太少了！关于诗词的趣味问题，也与韵味问题一样，古往今来，诗人与评家一直在探讨，在开掘，在倡导。比如苏轼，他的“反常合道为趣”，早已成为写作和欣赏方面以趣论诗的警语。从趣味衡量，柳宗元的《渔翁》诗，不仅为苏轼所推崇，也不绝如缕地为后人作了楷范。诗或词，倘若能在立意造境、遣字造句时多出趣味，而且能奇趣横出，蕴含机智与理性的魅力，这诗这词也就有了成就上品的可能。

然而，韵味也好，趣味也罢，比起新味来，它们又属次要。评判诗词优劣，第一位的条件应该是能否出新。诗词新味的概念可以是广义，也可以是狭义。就广义来说，新味的要求涵盖内容与形式的各个方面。就狭义来说，主要是指诗词新的意境即通常所谓的新意。这里我们不从概念出发，而是围绕新味，看看诗词创作的实际。就我们上海当下的诗词创作，甚至就全国我能接触到的当下诗词创作来说，如果以“新味”的标准加以衡量，尽管也不乏精品佳构，但它们在诗词作品的总体里所占的比重实在太小。毋庸讳言，在我们面前，真能称得上“其身与竹化，无穷出清新”的诗句，确实寥若晨星。我这样看待，很可能会有不少人不赞同，但只要不是闭起眼睛，不是存心糊涂，你不能不承认这铁的事实。我认为新味不备或新味甚少，主要表现在三个方面：一是所涉及的题材不够新，特别是能够广袤无垠而又深刻自如地表现既丰富又复杂的现实生活的作品不多，包括抒写理应成为当代诗人感情主导的家国情怀。诗词应该是对真实生活的反映，而许多诗人词家往往在这一点上反倒成了盲区。二是所营造的意境不够新。我们很不容易在各种载体里见到意象清新、境界崭新的诗词。因为不能显示出新颖独到的思接神驰，于是意境无从鲜活，学理无从蕴含，陈陈相因的气息导致味同嚼蜡。三是所驾驭的语言不够新。好诗词的语言，应该是语言之最，即所谓语言的精华。这类精华语言常常是美丽可爱的，生动活泼的，它们尤其突现为撷取于现实生活的生动传神之语。而不是老气横秋的，更不是晦涩难解的，比如存心卖弄学问，故意制造僻典生词的。宋代江西派诗人曾几曾经提出：“学诗如学禅，慎勿参死句。”可是我们的许多诗词作者，总是稀里糊涂地在“死句”堆里寻找自鸣得意的句子，他们笔下的惨状，也就可想而知了。

当然，要写出“三味诗词”，尤其是要让诗笔到处新味卓具，不是一件容易的事。即便是衷心热爱诗词的人，有的能臻于“三味”，有的甚至辛苦一辈子也未必能够达到。而且，就某一个诗人或词家来说，哪怕是举世闻名的大家，也不是他们所有作品都能达到“三味”标准。但是作为一种孜孜不倦的追求，毕竟是有志向的诗人词家以及诗词爱好者理应崇尚的心灵境界。

诗国华章

龙吟端午

■ 周退密

食粽

端阳未到先尝粽，屈子沉湘且诵骚。
后有忠臣与文士，清波浊水共相高。

㊟：千古忠臣如陆秀夫者无论矣，即如王观堂之沉北京昆明湖，乔大庄之沉苏州平门外之梅村桥下，老舍之沉北京太平湖，均千古文人之伤心事、可敬人也。

■ 褚水敖

端午书感

深痛浮生漫浊流，更于佳节念追求。
离骚何止遣愁思，投水无非觅自由。
包入精神端午粽，激扬血气猛龙舟。
心灵大块翻腾处，屈子高风灿灿留。

■ 杨逸明

重午

一读离骚太息多，每逢端午费吟哦。
驱邪蒲叶空如剑，竞渡龙舟又似梭。
士以泪濡忧世笔，官将酒作濯缨波。
小诗投入吴淞水，遥拜南天祭汨罗。

■ 黄　旭

壬辰端阳

吻颊清风悠艾香，一年一度又端阳。
诗追屈子离骚雅，心向汨罗吟韵长。
欲斩佞奸须利剑，去除秽毒靠雄黄。
东风万里清音路，共济龙舟飞棹航。

■ 潘朝曦

壬辰端午杂咏十五绝，叠韵（选五）

上海诗词学会端午征诗，余以为端阳节乃因屈原报国投水而设，故诗之命意当以继承弘扬屈子“岂余身之惮殃兮，恐皇舆之败绩”，“长太息以掩涕兮，哀民生之多艰”这种忧国爱民的精神，方不失设节与纪念之主旨，基于斯，感而作此：

一

每忆端阳在故乡，钟馗像作御邪方。
孰知此举皆虚妄，打鬼原为戏一场。

二

端阳蒲艾挂城乡，五毒依然肆八方。
未解钟馗何事去，纷纷鬼魅又登场。

三

醉来一觉至仙乡，未忘寻求救世方。
不料诸神皆劝我，忍装糊涂活一场。

四

端阳好梦忽还乡，觅见家传济世方。
殊感祖先真助我，好同二竖斗千场。

五

鬼蜮为灾殃市乡，常悲治乱有良方。
唯期暴雨狂飚助，一洗人间名利场。

■ 曹志苑

龙忆端午

巧手阿婆包角粽，丝缠裹玉透玲珑。
莲心枣肉高堂摆，煮熟情传巷里中。

■ 刘永高

重五漫忆菖蒲

端阳畅意碧蒲风，劲逸超尘出水东。
忍搅汨罗江底梦，惊观歇浦岸边鸿。
依榴傍艾身姿挺，说鬼谈仙剑气雄。
为酿灵根驱世毒，旧愁难解楚王宫。

■ 董鹏程

端午述怀

艾蒲米粽庆端阳，竞渡舟龙驭水航。
屈子有知心可慰，楚江不息酒千觞。

■ 张立挺

端午吟句

端阳夜雨打南窗，捧读离骚忆楚邦。
散去风云魂魄在，小诗又祭汨罗江。

■ 刘鲁宁

端午

节日已然常日过，诗人祈愿不贪多。
九州碧水皆息浪，是夜涛声听汨罗。

■ 李建新

端午即景

喜逢佳节屋飘香，老母窗前裹粽忙。
一片爱心包入内，煮来先唤子孙尝。

■ 方建平

端午节凭吊屈原

报国献宏猷，吞冤志不酬。
离骚投笔叹，永永耀神州。

■ 王义胜

端午怀屈原

举世汶汶谁独行，苍天特意起先生。
汨罗沉水羞蒙俗，司马加誉贵有名。
正气于今犹凛我，光风依旧使餐英。
小诗吟就倍惆怅，难寄湘流吊屈平。

■ 张佐义

端午感赋

芦箬青青粽正香，热风吹雨到端阳。
兰桡踏浪求津渡，屈子投江悖国殇。
一帙离骚沉梼杌，九嶷云水起潇湘。
人间故事年年有，当向苍天擎一觞。

■ 王明明

儿时端午

糯米晶莹青叶裹，清香淡雅弄堂飘。
馋娃吮指期期盼，慈母盈盈递枣糕。

■ 徐俪成

端午

零乱高云入赤霞，鼓声听彻不还家。
艾符垂月江流冷，彩练凝空舟影斜。
哀郢有词还惜诵，远游无路且怀沙。
楚魂明日谁能记，庭下纷纷晒帐纱。

■ 吴心怡

端午

展眼春阳付彩霞，艾绸初剪野人家。
江心浪急千舟渡，午过风闲一蛋夸。
共怜菰叶含香雪，又借壶冰试碧瓜。
续命五丝如有证，年年共赏石榴花。

■ 顾建清

壬辰端午雨中登天游峰

青岭岧峣出此峰，滂沱气雾笼筠松。
崖奔阔瀑三千尺，峡绕湍流九万重。
云谷杳冥风飐迹，幔亭迢邈水湮踪。
吁嗟寥廓壁天削，秀色迎人涤世胸。

■ 陈衍亮

端午

煮蛋滚魑魅，驱邪插艾先。
孤标投一去，百姓祭千年。
身后纵彰史，生前怎没贤？
丰收恰端午，魂魄化炊烟。

■ 沈护林

端午雅集有感

欣逢胜日兴无前，共趁熏风上宝山。
人在和谐仙境里，一吟新句一开颜。

■ 丁德明

端午思母

难忘当年艾叶香，娘包粽子坐儿旁。
豆红米白含慈爱，彩线根根绕我肠。

■ 李亦雄

端午偶感

岂止汨罗曾染腥，冤魂自古不伶仃。
祖龙余毒三千载，鬼火磷磷照汗青。

■ 周洪伟

诗人节感赋

一腔怨愤出离骚，千载忠魂为郁陶。
华夏诗坛不忘祖，年年沅水酹滔滔。

■ 胡熊飞

端午

又竟龙舟端午天，遥相凭吊自年年。
汨罗一片忠魂泪，谱出中华锦绣篇。

■ 邵益山

端午杂感

汨罗谁说是他乡，竞渡龙舟向一方。
难得骚人歌盛世，盈盈粉墨又登场。

■ 郑建军

端午吟

一

云卷云舒夏日长，无歌无酒又端阳。
全然不觉游艇过，独卧楼台读老庄。

二

龙舟岁岁竟端阳，箬粽家家艾草香。
泽畔行吟君莫问，人间何处不沧浪。

■ 陈繁华

临江仙　端午屈怨

心自分明身自远，遥看楚郢城倾。斯人剩有不平声。九章抒怨愤，橘颂哪堪听？　文字有灵吟泽畔，天涯倍感飘零。离骚忧患写曾经。国殇痴寄寓，天问汨罗惊！

■ 汤　敏

菩萨蛮　庆端阳

槐花五月纤云织，娇莺婉曲穹天碧。采郁庆端阳，眉间新点黄。　香囊缝密密，红绿丝绦结。此物也关情，入怀兰麝馨。

■ 邱红妹

诉衷情　壬辰端阳

重五，鸣鼓，舟起舞，水云天。扬国粹，情致，乐余年。却爱学诗贤。欣然，端阳诗会前，递词笺。

■ 龚伯荣

浣溪沙　端午贺神九

仲夏端阳浴日红，银舟竞渡跃长空。心随神九赴苍穹。　云海苍茫八万里，星光璀璨一千重。遨游玉宇会天宫。

■ 成德俊

浣溪沙　端午有感

时序飞轮转瞬消，枝头已静息花潮，如期端午又相招。　能夺江中舟竞渡，空留镬底粽香飘，问今谁个惜离骚？

■ 田宁疆

行香子　端午

挥帜如戈，千桨推波，矢弓张，驰迹犁皤。排江塞岸，万众云罗。见人声沸，鼓声急，浪声呵。

紫气烟蒸，绿壑嵯峨，涉丘陂，行健穿河。灵修怀远，昭质蒙讹。但昏君昧，正君逐，屈君歌。

海上诗潮

■ 叶元章

闲题三绝

一

自叹年来百不如，悠悠桑海乱离余。
疏烟淡月秋灯影，剩有虫残几卷书。

二

夜深风雨忽成秋，灯影凄凉动旧愁。
说剑鸣琴人去后，十年离恨上心头。

三

灵均香草感沉罗，多少闲愁触眼波。
夜半梦回窗月白，长空似有雁声过。

闲题一律

不买渔竿不买山，蜗居近市失安闲。
品诗味在酸甜外，观史神游天地间。
白眼看人明若火，良言出口绕如环。
倦来偶想窗前卧，一梦乡关去又还。

寿百龄老人王斯琴丈

一

不见诗翁海鹤姿，湖头一别正相思。
岑台契合常如是，气类萧条只自知。
接席曾题春草句，望风长揖岁寒枝。
苍生憔悴文章贱，人欲横流到几时？

二

枯坐市楼无复聊，灵襟悱恻听江潮。
凄凉白傅当年泪，瘦损沈郎旧日腰。
末世文章供覆瓿，故园松柏倚寒瓢。
即今有恨谁敢诉，多少诗魂待共招。

注：王斯琴，浙江诗坛元老，现寓居杭州。

■ 何佩刚

南闽旅行纪八首（选四）

归来堂仰嘉庚

一生劳碌富南洋，少长怀情恋故乡。
尽散家资兴教育，归来鬓发满沧桑。

日光岩思古

龙头山外列艨艟，岩壁峥嵘今古雄。
民族英豪昭日月，屯兵操典仰遗风。

福州谒林则徐祠

绿墙青瓦德难泯，功绩千秋忆虎门。
肯壮中华忧患胆，为官刚正楷犹存。

天台仙谷游

巨石嵯峨掩谷门，仙湖静静涤凡尘。
清风诱我攀岩壑，树蔼云栖鸟语亲。

咏怀张济川吟长

钦崇翰墨嗣炎黄，蕴藻含葩逼万章。
情累敲诗妻不娶，心嵌故国爱犹藏。
奔波湖海燃犀火，凝聚群英醉羽觞。
敢举吟旌辉岁月，无私奉献世留芳。

追念喻蘅词长

久卧沉疴猝化仙，悲思不再续随缘。
心倾一世诗书画，百载家藏册幅篇。
洒墨滔滔皆奂品，传薪默默足时贤。
腾龙跨凤高才格，怎奈悽悽物外迁。

酬叶元章诗翁

劲菊抱香立，人生爱晚晴。
羊城余笑语，孔浦有鸣筝。
绿草征车迹，黄尘画角声。
回肠留九曲，交织世间情。

满庭芳　读《澹园诗词》酬黄润苏教授

复旦大学黄润苏教授《澹园诗词》，苏步青教授有“咏诗才似谢家女”之赞。广州师院院长兼广州诗社副社长潘佛章教授有“愿君勤耍生花笔，一激骚坛万顷波”厚望。读罢掩卷，赋成此阕。

暖雨晴风，暮云晓雾，浅吟低唱澹园。感今怀旧，情系艳阳天。漫听江声断续，惊回首，尽注诗笺。凭栏久，梅腮柳眼，牵动一番欢。　　时光催白发，龙蛇走笔，乐趣无边。任音韵飞扬，吹彻笙寒。最惜艰危历世，惊草木，更忆华年。书轻掩，章章阙阙，化作百花妍。

贺新凉　题李永翘先生撰著《张大千年谱》

环苹莺啼柳，念平生、亭阴曲水、绣帘烟渚。未上庐山胸有岳，挥洒丹青几度。情万种、雄姿依旧。域外倦游三十载，感沧桑、目断家山阻。谈笑里、说齐鲁。　　巴山梦断青城路。问当年、荆关董巨、画魂知否。西毕东张同聚会，国粹弘扬今古。惊宇宙、握蛇骑虎、泼彩风华人共睹。过双溪、啸傲梅丘久。衷曲诉、艺帆舞。

注：李永翘是四川社科院研究员。1957年7月张大千与毕加索会晤于法国。梅丘是张大千长眠之地，梅丘石运自美国，重五吨，梅丘二字张大千书。东张西毕会晤时，张大千赠毕《墨竹图》，毕加索赠张《牧神图》。李著有《张大千年谱》、《张大千全传》、《张大千论画精粹》、《张大千诗词编注》、《张大千人生传奇》、《张大千画坛皇帝》与《张大千飞扬世界》等书。

望海潮　题汪毅先生编著的《张大千的世界》套书

黑猿转世、画坛李白、神奇一代名家。万里投荒、敦煌考察、烽烟翠柳年华。师古走天涯。历程万千里、情意交加。竹径梅林、海天空阔竞晴沙。　　芳园八德旗斜。见春莺秋月，环荜荷花。荣辱生平、安危故国、双溪饭后听蛙。泼彩唱清嘉。更有庐山景、吟赏红霞。天趣师心莫测，幽兴尽堪夸。

注：成都汪毅，原张大千纪念馆长，编著套书包括《大风堂的世界》、《聚焦张大千》、《回眸张大千》由四川美术出版社出版。附九百幅照片，内容丰赡，创意新颖。巴西的八德园，美国的环荜庵，台湾双溪的摩耶精舍是他的住宅。

■ 杨逸明

呼伦贝尔草原诗抄

野餐

黄榆白桦小山坳，塑布平铺列酒肴。
先被野蜂来我臂，尝鲜一口咬成包。

羊群

白云垂挂碧坡旁，四野轻风散草香。
霄壤之间人几个，悠闲也似一群羊。

长啸

久在樊笼不敢鸣，草原空旷忽忘情。
牛羊蓦地都回首，只为诗人啸一声。

逢雨

骤雨从天扑地层，乌云碧野激情增。
深深一吻留芳草，不葆青春不可能。

炊烟

草原雨霁忽添川，勒勒车停毡帐前。
天上白云飘万朵，人间升起一炊烟。

哨所

小穹庐傍七仙湖，碧草无垠四面铺。
战士两名坚守此，边疆露水视如珠。

六五初度客居京城作

绿杨窗外蔽炎光，宾舍平添八月凉。
几个鲜桃伴华鬓，一行新句出柔肠。
骨经风雨增生刺，书入心脾积聚香。
何必问翁能饭否，朗吟仍带少年狂。

㊟：时下榻北京海淀区绿杨宾舍。

■ 姜玉峰

无题

细酌豪歌均惹词，方家览物悉存疑。
灵来且任湫飞泄，莫待才空枉说诗。

品茗

白茶初沏醉闻香，乐看旗枪舞校场。
细酌澄汤含净口，慢咽甘液润柔肠。
清新一日杯前始，充实三秋诗里藏。
休管纷纭谁炒作，精行俭德静心尝。

云顶探幽

栈道半悬云几层，虬枝长挂万年藤。
峻山幽谷无人语，深涧清泉有鸟应。
俯瞰陡崖垂古木，仰窥叠水晾新绫。
梵钟入耳何方寺，索道归途遇老僧。

■ 徐勤才

读莫林大姐三亚行诗感作

远行三亚闯天涯，潇洒九旬披彩霞。
策拄家乡坚竹杖，邀游椰岛犟琼花。
巅峰笑览群山小，海角欣看夕照斜。
二十八楼回望月，金星太白献丹砂。

无题

赏今阅古莫蹉跎，博采奇花嫁碧柯。
五马归山烦事少，只身下海挚朋多。
怜梅几度超山赋，寻道千番仙岛歌。
天上浮云去无定，剡溪依旧泛清波。

南歌子　春园日暮

众鸟争鸣树，群芳竞映霞。黄昏放步踏春华。欲访蓬莱深处谪仙家。　节令轮回过，诗心咏叹嗟。举头时有两三鸦，尽占高枝婉转向天夸。

忆少年

桃园春丽起嘤鸣，读罢东坡傍短亭。
梦入蓬莱思往昔，胸怀日月向光明。
茂林修竹荷塘路，民俗乡风古刹情。
把酒相逢寒食后，笑谈风月晚霞横。

探梅

日暖风和出汇塘，几声鹊嘹好时光。
诗林雅兴连心海，庾岭高情醉酒乡。
烂漫山风姑射质，天真玉态寿阳妆。
一枝潇洒春先到，喜看夕阳留晚香。

注：汇塘，又称蒲汇塘。昔日，沪上徐家汇南有土山湾、蒲汇塘等村落。庾岭，即大庾岭，又称梅岭，为江南赏梅佳地。姑射质，姑射（ye夜），山名；相传姑射山有神仙居住，天生丽质，肌肤若冰雪，绰约如处子（见《庄子•逍遥游》）。寿阳妆，又称梅花妆；南朝宋武帝女寿阳公主，人日卧于含章殿下，梅花落在她的额上，成五瓣花，拂之不去，宫女竞相仿效（见唐韩鄂《岁华纪丽•人日梅花妆》），后世曰其为寿阳妆或梅花妆。

芰荷香　梅

迈陂塘。正梅花吐艳，寒苑飘香。甜甜笑靥，鬓云偏爱宫妆。名娃倾慕，静天籁，望月潇湘。高情共宴流觞。风怜亮节，雨惜霓裳。　　淡淡春山暮霭障，忆携餐敬酒，踏雪寻芳。琼姿玉貌，向来天性温良。慧心贤淑，感恩德，莫忘齐姜。浩然相诉衷肠。早歌西母，晚颂东皇。

戚氏　马陵咏怀

冻云翻，飘飘飞雪夜难眠。雀鸟归巢，足绒丰羽，御严寒。苍天，换新颜，山花烂漫学堂前。村头果园红杏，唤来莺燕舞翩跹。惊兔藏窟，鸣蝉枕翠，泛舟梦寐清泉。看龙腾碧浪，云簇佳丽，欣喜心田。　　遥想大禹当年，身向水患，引沭导湍湍。消灾难，月宁气爽，景泰民安。挽弓弦，力铸九鼎扬幡，背负万众封权。筑台瞭望，号令威严，华夏开创新元。　　古道西风后，菊黄柳瘦，壁断垣残。尘世风云变幻。越沧桑，战国起烽烟，同门斗杀笑藏奸。髌刑暴戾，阴毒何人谴。跑马陵孙子思怀远。庞涓沟，悲恨缠绵。虎跳崖，叶茂枝蕃。报师恩，祭奠更周全。阅青龙剑，心明善恶，义涌雄关。

注：马陵，即马陵古道，相传为战国齐魏马陵之战遗址。孙子，孙膑也。

锦堂春慢

昔日申城，诗坛腾达，宏扬国粹中华。志士能人，豪气遍洒春涯。更喜东风浩荡，满目飞絮飏花。看牡丹仙子，统领群英，灿若红霞。　　退斋联芳锺浩，拜局仙苏老，车去川沙。李广渊雷尚志，听爱琵琶。佳节风云集会，聚盛宴，煮酒分茶。展望九州明日，一代风流，造访谁家。

注：上个世纪80年代，光大传统诗词，海上诗坛，格外红火。文史馆苏局仙（时百岁，家居浦东川沙）、陈锺浩、张联芳、王退斋皆为名宿，李广、苏渊雷、叶尚志皆为上海诗词学会发起（创始）人。当时有春潮、春申、春风、华兴、华夏、临溪、枫林、会友、神剑、海潮、南江、半江、青年、碧柯、静安等诗（书画）社。

■黄　旭

感今离婚频

尚追物质失人性，怜及婚姻也拜金。
只怪当初亲不见，也缘今日爱无心。

步和逸明《六五初度客居京城作》

清风杨柳不争光，却向京畿授荫凉。
飞信一条闻诞喜，吟诗八句诉衷肠。
人生虽得倾心诺，世道从来附媚香。
就算青莲居士在，也难潇洒避心狂。

步和佐义兄《七十自寿》

往事无须太较真，晚晴潇洒作诗人。
当年叱吒风云杰，转瞬促成牛鬼神。
斯世原来多险路，吾侪本就少通津。
管他过去清明雨，只惜残秋小孟春。

渔父　松江田歌

四月云间雨若烟，子规声里莳秧田。　　淞浦外，泖冈前，轻盈白鹭舞翩跹。

如梦令

豁垌青霞交映，瑶草玉溪红杏，清晓共熙春，蝶舞卉丛纷竞。仙境，仙境，泉水击敲幽磬。

一剪梅　秋水伊人

隔岸幽丛薜荔墙，秋水伊人，别墅山庄。当年飞燕逸春光，左史良才，恩爱绵长。　　一代清流正气昂，遭忌灵台，骇世凶殇。可怜碧玉落禅堂，孤影青灯，冷月和霜。

注：乙丑闰五初三游孤山，望见对岸秋水山庄，有感而赋。

■ 曹志苑

浴兰节兮

仲夏端阳百草繁，兰汤沐浴若仙丹，
三千愿诵莲花曲，束玉飘香似髻盘。

菩萨蛮　忽念楚湘来

今逢重五黄梅近，香蒲依旧离骚影。新柳一帘轻，龙舟三两行。　　天雨良宵在，执扇诗心待。忽念楚湘来，风吟随浪开。

■ 刘永高

喜迎党的十八大召开

升平四海畅和天，重载民生共济船。
自有擎旗担道义，曾经喋血映山川。
盼兴国度东山崛，观照征途北斗悬。
翘望家园迎曙色，小康彪炳感恩先。

遥祝三沙市诞生

赤子心牵水一方，何堪别国扰南疆。
寻由挑衅滋渔事，蓄意侵权犯海防。
不屑楚歌能鼓惑，该明龙域敢称强。
风涛壮阔三沙岛，激荡军民正启航。

纪念八一三淞沪抗战七十五周年

祸起当年鬼子来，侵凌人道血腥摧。
卢沟黯月硝烟紧，淞沪劫波战火开。
罄竹难书蹂躏恶，遗踪未泯抗争哀。
沧桑禹域今无恙，激愤悲歌动九垓。

钓鱼岛风波感愤

故态复萌寻衅谋，敢凭仗势犯神州。
侵华史鉴仍知痛，护岛心齐再雪仇。
妄起劫波公理失，须将领海主权收。
舆图六百年无损，永固金瓯外侮休。

■ 董鹏程

偶感

榴花带雨意斑斓，实弹穷兵美日韩。
南海危局疏应对，愁怀难释酒壶干。

温商年会遣怀五首（选二）

一

长河南亘北高峦，自古青城盛誉传。
汇聚边疆成伟业，纷呈异彩美千端。

二

漫天瑞雪若轻丝，遍觅良朋处处痴。
似醉乡情情自醉，春风如沐待多时。

■ 袁拿恩

次酬友人诗韵

一

正月阳春启，融融相聚中。
方聆瑶句美，却话劫尘空。
放马松绳络，行舟任海风。
流霞残照里，尽醉念征鸿。

二

相逢携酒至，如棹月明中。
巴蜀千峰叠，长江万里空。
谪仙邀我舞，苏子共清风。
诗铎书香里，逍遥比雁鸿。

早春

四合青黄半萎枯，春容难觅野梅疏。
残阳影寂轩窗倚，雨夜灯阑蜗壳居。
世上江湖千变幻，壶中日月一消除。
门廊匾额留痕旧，信笔新题了了庐。

重阳二首

一

正逢花甲话重阳，斗室宽怀侍菊黄。
借得奇峰开画牖，搜来妙句挂书堂。

家醪醉白斜溪石，野岭赏霞横衲床。
已是秋凉残照里，浮生一笑学柴桑。

二

归田再度过重阳，两鬓添霜柳色黄。
春日少年初入室，秋时老叟复登堂。
诗词吟草涂残纸，翰墨留痕堆满床。
扫取庭前悲落叶，煮泉烹茗倚扶桑。

■ 黄庆华

在家乡无锡办画展

青峰白塔画楼深，碧玉江南锦绣心。
轻语长街寻阿炳，乡音短巷叩云林。
家山畅达开征路，泉水清泠润窄襟。
借得明轩陈小品，老来歉愧献微忱。

㊟: “云林”，指倪瓒，倪为美术史上元四家之成就最高者，无锡人氏。

阅三十年旅游相册

夏日昏昏拒午慵，闲翻影集意无穷。
伞尖挑破南天雨，衣袂伴飞北海风。
白首残阳思脉脉，青颜朗月映淙淙。
浮生好景余闲处，尽付溪山步履中。

游苏州荷塘月色园

常记美文终未睹，驰车旧地觅新图。
清风万杆萍摇影，细雨千圆叶滚珠。
浣雪吴娃舒始末，凝脂越女长成初。
花时尚早膳时到，水上红廊拥翠蒲。

㊟: “翠蒲”，指园内餐厅。

■ 王铁麟

夏日有赠王惠

长夏苦热。著书无据，赋小诗供玩，盖无深意耳。

一

碧水成纹意最诚，三生梦鸟一苇横。
阳关大漠誰家子，款款江南一女生。

注:“三生梦鸟”，晋人罗含梦得一鸟，纹彩异常，入口，遂文思大进。

二

桐阴深处有人家，芍药桥头五月花。
碧水清江明月起，何人再问武夷茶?

赠友人

处暑后二日，凉风习至，海上印人杨扬君婚期将临，爰赋二章为赠

一

目鉴刀耕二十年，天涯俯仰自蹁跹。
芙蓉石畔琴箫起，从此双棲读古泉。

注:君颇嗜古钱币，小有藏。

二

醇厚人生稚子风，如今风雅少人同。
朱砂染就枫林醉，一样天然对日红。

心鸣

仰天难得一声啸，卧是皮虫立是桥。
多少河津翻旧叶，几何风雨逐新谣。
云能造物虹长紫，梦不催情泪自消。
樱下追花听笑语，敢将心事付岑寥。

时感

也曾豪语说西东，未必书生守固穷。
颜子一瓢长为饮，诗仙千夕未醺红。
文章罕有三朝读，兼味长收百世功。
陌路骚经人不识，多元强说几家同。

■ 蔡慧蘋

鹊桥仙　乾陵章怀墓博物馆女俑

女儿三五，连环丫髻，襦短裙长纱绕。额黄眉黛立婷婷，向双圣，谁高孰好？　风情天子，风华天后，曳鼎赖依李老。重门深闭锁千年，地宫冷，轻烟声悄。

注："曳鼎"，武则天改李唐为武周后第七年，铸九鼎，曳至明堂，有《曳鼎歌》传世。

画堂春　顾村公园见樱花雨

人间三月粉妆天，东君轻唤婵娟。似双双蝶舞翩跹，追逐花间。　珠玉晶莹千树，一时花雨魂颠。如烟如雾扑人前，却向谁边？

柳梢青　洞庭西山林屋洞

红栅黄墙，台阶才下，陡起风凉。林屋深深，石桥小小，步曲幽长。　石门低矮无妨，凝眸处，苍穹壁梁。奇石花窗，乡愁水滴，洞外斜阳。

醉花阴　闵行汇南镇陆宅

翠滴丝瓜篱竹傍，池面残荷仰。新井旧垣栏，绿荫香樟，普洱乌龙赏。　听鸣轩小清风爽，陆弟闲情享。有女正垂髫，笑靥依人，飞上秋千荡。

■ 张立挺

钓鱼岛

百年夷寇袭神州，回顾风云暗自羞。
国土今朝归不得，一腔悲愤祭春秋。

女儿送蛋糕贺妻生日

蛋糕一盒表情深，更把醇醪向母斟。
妻问如何甜似蜜，我言皆蕴女儿心。

钗头凤　带小外孙女健健

亲亲口，闻闻手，赤身如玉肢如藕。香春卉，馨花蕾。东风轻拂，笑颜生媚，醉，醉，醉。　　怀中抖，胸前逗，乳添尤在三更后。人常备，宵无寐。外婆消瘦，外公憔悴，累，累，累。

鹧鸪天　与中学同学聚会

往日骄阳往日风，花开依旧石榴红。我嗟岁月千秋短，霜染年华两鬓浓。　　鞍已卸，志犹雄，心间仍挂那张弓。相逢旧雨因何醉，回首人生醴酒中。

鹧鸪天　登杭州雷峰塔

塔影巍然绿荫中，西湖岸畔显雄风。烟缭灵伴净慈寺，夕照身依日慧峰。　　云霭霭，雨蒙蒙，登临时节石榴红。眼收千载兴衰事，脚踏钱塘浪拍胸。

■ 喻石生

初夏即兴(选六)

一

数张新绿已初肥，窈窕风姿不自持。
他日若添古闲趣，芭蕉叶上欲题诗。

二

蔷薇摇曳晚风鲜，楼阁参差笼柳烟。
准拟泛舟诗更好，一轮皓月正高悬！

三

惹得妻儿次第欢，更令回味是童年。
叮咛暂缓添桑叶，一盒饱蚕正好眠。

四

可人月下更娇痴，已换春衫入夏时。
风起犹怜绿裙摆，垂杨扭动小腰肢。

五

吟趣微过午后钟，曩时小憩睡方浓。
琴声骤起催按拍，一曲皮黄恰荡胸。

六

十分春色去无踪，寂坐轩窗吟未工。
正念芳菲何觅处，碧丛隐见石榴红。

■ 聂世美

口占一绝次庞坚兄壬辰端午和友人韵

悲情千古吊湘滨，潮怒鸱夷襟泪频①。
心迹空悬无著处，沧桑犹得说三秦②。

注：①“鸱夷”，革囊。《战国策•燕二》：“昔者伍子胥说听乎阖闾，故吴王远迹至于郢。夫差弗是也，赐之鸱夷而浮之江。”又，《吴越春秋•夫差内传第五》：“吴王闻子胥之怨恨也，乃使人赐属镂之剑，子胥受剑，遂伏剑而死。吴王乃取子胥尸，盛以鸱夷之器，投之于江中。子胥因随流扬波，依潮来往，荡激崩岸。”又，《越绝书》卷十四：“胥死之后，吴王闻，以为妖言，甚咎子胥。王使人捐之于大江口，勇士执之，乃有遗响，发愤驰腾，气若奔马，威凌万物，归神大海。”

②“三秦”，项羽破秦入关，三分秦关中之地，合称三秦。故地在今陕西一带。附录：庞坚兄《壬辰端阳次日冯君得灵均鸱夷之句邀余相续因成此章》原唱云：“挂擢清湘曲水滨，临风酹酒一时频。灵均不是鸱夷子，须信吟骚可覆秦。”又，陈鹏举兄有和作云：“怀沙抱石汨罗滨，香草美人溅泪频。但有帝阍知后事，人间亡楚未亡秦。”

送兴康赴上海人民出版社社长兼党委书记任

夕惕勤诚已十霜，夔门一跃忆称觞[①]。
川流宏细何曾拒，意量宽疏或未妨[②]。
蹙地穷深谋创辟，巨编横列见荧煌[③]。
帅鞭却看更西指，匹马遥程正趣装[④]。

注：① “夕惕”，戒慎而不敢怠慢。语本《易•乾卦》：“君子终日乾乾，夕惕若厉，无咎。”“夔门”，原指素以险峻闻名之入川门户瞿塘峡，此用以指代关口。按，古籍社多年来图书销售码洋长期在八、九千万上下徘徊不前，经艰苦努力，2011年竟一举突破1.5亿大关。

② “川流”句：兴康入党时曾以“海纳百川，有容乃大”语自勉自励。“意量宽疏”，兴康处事每以宽厚为怀，然也时间宽缓宽借之责。

③ “巨编”，指《续修四库全书》及《清代诗文集汇编》等诸多大型出版项目。

④ “趣装”，立即准备行装。趣，促也，意谓从速。

■ 范文通

登华山

逶迤仄径锁冰纹，斧劈峰峦形影分。
灵气萦怀开大步，飞鹰伴我驾青云。

拉萨当雄羊八井游泳

年来梦采雪莲花，今日有缘嬉水涯。
浮上高原羊八井，观天自笑井中蛙。

西汉高速经秦岭隧道群

光照洞中不夜天，蛟龙起舞走盘盘。
谪仙醒后改诗句，悔作当年蜀道难。

雨中过函谷关

■ 照　诚

一

秦川景物四时开，霸气祖龙空叹哀。
函谷关前风雨急，再催老子驾牛来。

二

亡秦三户大门开，釜破舟沉子弟哀。
一炬阿房函谷后，沛公骑马入关来。

次酬杨逸明《遣兴》诗韵

■ 周道南

春兰秋菊不同香，心静方知道味长。
三盏新茶消俗气，一弯旧月照禅床。
是非不必论人我，成败无须笑汉唐。
生死原为身外事，而今休管任谁忙。

浙江乍浦瑞祥寺重建落成次吴祖刚周退密两老韵

■ 张文豹

佳篇读罢意难禁，况是佛身重上金。
志决案头松竹韵，梦回山室菩提音。
有生果似驹过隙，寡欲求和鸟宿林。
名寺瑞祥传盛典，天光焕彩众归心。

浪淘沙　明灯

——纪念邓小平南方讲话20周年

讲话耀苍穹，春意浓浓。乘云破雾跃飞龙。开放国门宗改革，获得奇功。　　壮志贯长虹，举世称雄。千秋大业趁东风。指路明灯贻世代，永念邓公。

满庭芳　活力

三十年前，英明决定，任职停止终身。爽然清气，宜干部欢欣。天道新陈代谢，遵规律，务实求真。长江水，川流不息，万里仰昆仑。　　融融，秋雨润，青山夕照，文苑耕耘。国家事关心，注视风云。年老自当益壮，千里志，振奋精神。同飞舞，苍龙雏凤，世代有贤人。

㊟: 纪念干部离退休制度颁布三十周年。

■ 钟石川

柳梢青　引航万里

一叶扁舟，南湖星火，遍及神州。击浪乘风，终成伟业，日煦花稠。　　引航万里遐游，赤旗展，千帆竞流。改革新猷，颁檄令舵，四海前头。

浣溪纱　忆老干部大学创建

往事如烟可觅踪，辛劳创业味无穷，齐心传火媪与翁。　　学海老兵英气勃，杏坛新秀夕阳红，春风桃李报精忠。

浣溪纱　病中吟

病室低吟无定时，半为唠絮半成诗。冰心情致韵中知。　　一仄一平娱晚景，万灵万物拜良师。孜孜还我少年痴。

■ 龚伯荣

百合

水畔微风煦，江天丝雨飘。
宫园春色里，唯有此花娇。

■ 谢春江

乡愁

岭畔清风过，江南染色秋。
湖边一叶落，捡起是乡愁。

夜读家书

孤灯伴影幽，夜读始沙洲。
言语家乡事，文章岁月留。
葭芦新叶翠，榆树嫩芽稠。
晓色东方露，家园明日悠。

吉祥华东

晓色启明吐艳红，丹霞烂漫润华东。
竹筠绮丽婷婷立，茉莉清香处处浓。
云雁高飞攀峻岭，娇莺欢跃舞花丛。
何其颖秀吉祥日，百姓安宁居伟功。

千秋

千秋吟咏事，平水习为常。
莫使波澜起，标新乱旧纲。

杖

不复计年庚，相从见至情。
但闻君笃笃，我信我能行。

龙华牡丹诗会作业

古刹一隅年复年，年年花著暮春天。
蘸丹披雪香犹炽，斗胜无心合悟禅。

答苍山烟雨吟丈

杖叟箪瓢尚有凭，中原射鹿苦何能。
夜镫一卷唐三百，虽属愚氓不是僧。

自况

健行惟梦目模糊，药佐三餐零嘴无。
已远亲朋情尚在，闲来守网学蜘蛛。

戏和何老对弈诗

动子争相设坎多，损人利己快如何。
难分伯仲天将暮，歇搁无非腹唱歌。

■ 邱红妹

步韵杨老师《品昆仑雪菊》四绝

一

相约吟朋聚镜台，天山雪菊入尘来。
凝神观注英姿态，一片绛红矜诩开。

二

昆仑山上一奇花，洇就清香神异茶。
只为入尘诗友访，一壶倾注万情霞。

三

雪菊殷红陆羽汤，水晶杯里映霞光。
抿香一口诗心忽，仿佛神游王母乡。

四

骚客依然围桌边，茗香犹在冒轻烟。
诗心未及三巡后，已若瑶台醉八仙。

步和山客《古稀自寿》

深得贵塘族氏尊，胸怀北斗入红尘。
休言英少虚华度，曾伏烈牛惊世伸。
一片善心怜幼弱，三分雅韵伴青春。
晚情最幸频添福，挚友独多诗赋人。

■ 周阳高

白云山吟草

山道闲步

白云冉冉升，归鸟夕阳明。
闲步斜坡道，虚心暖晚晴。
葱茏一色翠，佳气四时盈。
山上元无雨，时闻滴水声。

题画竹

白云山上写檀栾，风雨声中拳石抟。
淡墨色佳犹带赭，正宜纵笔白云端。

卜算子三首

壬辰七月避暑洛阳白云山，九龙瀑、芦花谷皆往游焉，公历八月十八日且登上玉皇顶。漫得卜算子三首

一、夤夜无眠得一首

避暑白云山，洁净黄沙路。偶入芦花谷底游，得意忘言处。　　峰俏未须名，水阔多因雨。息虑凝神看白云，幻化奇无主。

二、翌日登上玉皇顶，归途得一首

闲步向微茫，直上登山道。溪水入潭未可留，归意匆匆绕。　　七十正当年，回首先生笑。往事如烟觅旧踪，石畔青青草。

三、又一日雨窗闲坐，用前韵

莫道有无为，看尽纵横路。登上中原极顶山，尘世不知处。　　混一合天人，别二分云雨。是是非非一念间，日月无由主。

■ 张志康

台湾印象

台东泡汤

一汪清水毕呈底，石上泉流溅玉珠。
薄雾氤氲蒸出汗，体沉休复作游鱼！

夜宿台东

日中联璧堪称道，更喜门前卵石铺。
浴后来回多踩踏，一天劳顿尽消除。

㊟：首句指兼有日式、中式卧室。

郭导游印象

哓哓利舌可倾天，史事详陈已化烟；
欲以同胞经济拚，去回原路口头禅。

㊟：郭导以大陆台湾本属同胞，力劝大陆游客多购物，帮助台湾发展经济，名曰“拼经济”。又，“原路去，原路回”，有腔有调，成为一车游客学舌之笑谈。

游台湾阿里山，次韵《初临陶家湾》

盘旋上顶百千寻，满目清凉眷念深。
劈柢奇桩伤累累，插天古木碧森森。
喧阗步道探临谷，欢乐火车飞出林。
雪似樱花轻启贝，沧桑往事费同斟。

召稼楼吟

吾家世居召稼楼，兴东街即张家宅。
可恨日寇放火烧，焚吾家园苦煎迫。
昔日风光成沧桑，解放之初亦落魄。
社会建设如盘棋，遵从计划布局弈。
却悲文革四旧除，蛮横无知毁遗迹。
吾侪慨叹痛心余，着手编史翻古籍。
平西街首白铁匠，陆姓有男奔走呼。
兴史开发事当急，上苍垂怜着意扶。
多方筹谋踏勘复，第一桩下起宏图。
隆隆机声震昼夜，经年不长见规模。
资训堂前旧墙护，报恩桥头三变迁。
新辟纯佑黌文化，典礼裕如响丝弦。
亭榭楼阁四处起，大牌楼顶几触天。
邀来书家欣题额，求得才俊雅成联。
最喜礼园文景具，廻廊流碧生香烟。
秦怡影馆诚珍贵，城隍叶公可比肩。
开街两载游人织，白发青丝俱陶然。
沪郊古镇旺肆铺，王浜桥畔悠舟船。
当年难比今日盛，改革初写锦绣篇。
但愿国强民安乐，故土永唱月儿圆。

■ 陈良誉

净宗二咏

一

云房参悟劣根除，法宇凝风碧水居。
坛上群英吟旧韵，案前浓墨写新书。
红尘笼影飞鸿尽，白日征帆鼓棹初。
未待秋深霜染鬓，勤修心海鉴真如。

二

醉望云烟漫碧霄，六根未净梵声遥，
且依圣境拈花梦，却向诗乡拾韵娇。
念念若能离溷浊，生生从此脱尘嚣。
群灵拱极心常寂，光耀须弥万丈高。

参加岳麓书院百诗联盛会二首

一

奇珍岚壑鸟鸣林，幽美烟霞瀑溅襟。
惟楚襄公侪暮景，于斯秦伯播春音。
千年古院凝丹骨，一代新人抚翠琴。
沼泽观鱼添逸兴，花墩抱月泻清吟。

二

三湘灯海漾轻桡，月魄芳姿蘸彩毫。
爱晚亭前笙管远，祝融峰畔雁声高。
风清犹自寻唐韵，菊醉凭谁思晋陶？
客里相逢期梦久，十分秋色逊离骚。

■ 张青云

谒张苍水祠墓

汉腊存亡际，苍头起异军。
捐躯摧北虏，喋血洒南云。
武穆芳邻共，文山俎豆分。
杯浆遥奠处，朱鸟落高坟。

上海博物馆

兰亭醉本豁吟眸，夏鼎商盘更博搜。
先哲胼胝遗石器，山川灵秘总悠悠。

上海城市历史发展陈列馆

洋场崛起古冈身，碧眼胡儿到海滨。
开埠百年烽燹剧，铢衣阅劫只沾巾。

东方明珠塔顶旋转餐厅俯瞰

自跻高塔伴冥鸿，雾阁云窗晓日曈。
车毂万方遵大道，舳舻千里没虚空。
神州稊米狮初醒，世界陶轮劫未终。
铃语苍凉诗思惘，栏杆拍遍为谁雄？

天平山麓赏枫

疏林策杖祓千忧，木末疑觇大火流。
红捣芝泥临石镜，紫研麝墨写山陬。
百株堪壮范坟色，一叶能生岩壑秋。
故里夔巫枫亦夥，斯须枨触起乡愁。

■ 陈福田

西湖

西湖旧梦千重碧，一涌新诗意更稠。
山寺三秋寻桂子，石桥九曲待虚舟。

苏小小墓

冰肌玉骨柳丝腰，妒杀吴宫第一娇。
今日不堪寻旧迹，一抔黄土绕青荛。

与华东师大同事林丙义教授游杭州

游玩七日犹嫌少，整顿归装更动情。
莲叶色留眼底碧，莺歌声滞耳边清。
白云虽欲随佳客，芳草犹难系远氓。
上却征车频转首，晓烟浓处是杭城。

■ 王瑜孙

周生《陈福田教授传》书后

一

少日豪情想见之，远征缅甸扫虾夷。
谁知却向鳣堂老，缕析条分说楚辞。

㊟: 君十七从戎，自昆明飞印度，参加中国驻印度抗日。今在高校，曾开《楚辞研究》课。

二

诲人不倦鬓飞霜，语法探研引兴长。
岂特春风桃李笑，更教宗匠赞声扬。

㊟: 君撰语法论文，吕叔湘赞为“辨析入微”。

三

匡谬正误心如发，施教因材道不穷。
造福何如同向学，耘田不惜晚收工。

㊟: 全国高校教材《古代汉语》，君为纠误三百多处。周文载《崇明诗书画》29期。

■ 傅　震

重读西游记，次胡中行教授无题诗韵

祸福吉凶何必猜，酸甜苦辣自然来。
难能圣眼驱白骨，休怪凡胎贪粉腮。
从此红尘空五蕴，行深十地渡三才。
素心皆有佛人兽，烦恼菩提都看开。

巴东情

一路江风一路波，巴东阿妹绣船哥。
土家有女梧桐茂，山户添丁柚树驼。
六口茶香村妇秀，十杯酒醉寨男歌。
移民啥仔回乡野，苦恋前塘锦竹荷。

㊟：土家族生女儿要种梧桐树，生儿子种柚子树；“六口茶”、“十杯酒”是土家山歌调；长江大坝建造后，神农峡，锦竹峡均遭水淹，山民移居他乡安置，但大多数人又返回家乡。

观昆剧《长生殿》

帝妃月誓断肠恨，一抖素绢环绝尘。
万古风情谁善舞，千年昆曲独传神。
青云才子吟前事，南扑灯蛾痴后人。
天宝梨园旦角老，堪忧晚辈不知珍。

㊟：“青云才子”、“南扑灯蛾”均为昆剧曲牌。

巩义石窟

南依嵩岳北瞻河，毓秀钟灵石洞坡。
泉涌山腰菩萨静，光投藻井水莲波。
犹闻横笛飞天舞，似见祥云护法戈。
迤逦宫妃随帝后，虔虔礼佛伴僧歌。

■ 田宁疆

念槐花

依稀香袭蝶蜂飞，树树琼瑛串串垂。
尽弃斯文图越阙，贪攀雪蕊欲疗饥。
何闲开眼观山水，怎识沉心究否宜。
常念槐花曾裹腹，思方入思愧为迟。

静安古寺

天遣淞江浮佛氲，斋迎沪渎寺重元。
千年兴废终修得，社日寒暄相舞番。
宗密真言须灌顶，参禅顿悟莫持援。
芸芸色受想行识，豪炫域中求本源。

静安八景

沪渎千年美静安，赤乌碑古薄江漫。
绿云成洞寻幽径，沸井涌泉凭石栏。
虾子潭僧修有道，陈朝桧树见昏官。
盘桓趺坐讲经处，芦子渡头思月阑。

菩萨蛮　梅

梅花欢喜漫天雪，银铺赤缀怡情阅。瑟瑟朔风间，扶摇愈秀妍。　香清幽自远，骨瘦神方显。芳蕾泛疏枝，竞将春意催。

■ 褚建君

游故地杭州三首（选一）

梅季杭城六月中，荷花初绽断桥东。
轻车熟路湖滨过，旧事陈年梦境空。
保俶塔边迎旧识，万松岭上遇惊鸿。
相逢便始伤离别，一点归心夜色蒙。

扬中三首（选一）

蒹葭深处望江流，一片孤帆逐水游。
静谧白杨漫屋后，喧嚣浊浪过心头。
菜花百亩迎晴日，春意千寻献学俦。
小院农家香韭绿，今朝做客太平洲。

蝶恋花　尚湖七首（选三）

一

寥落暮春无去处。闲展诗书，石案池边树。慵倦睡莲连夜雨，单飞粉蝶花间舞。　　风动柳丝依玉宇。一抹残阳，游子思无数。鱼跃声声莺乱语，尚湖侧畔人羁旅。

二

堤上微风吹老柳。午后斜阳，聊发三声吼。无奈浓情抛白昼，闲人临水呼村狗。　　春色非分良与莠。水藻连连，处处生新藕。逐浪渔舟勤唤友，虞山遥望斟醇酒。

三

曙色平湖方雨歇。水鸟翩翩，堤上人踪灭。蜂蝶向花花有缺，荒亭野外青苔叠。　　明日放歌将作别。芳草无边，一纸相思帖。满眼芙蓉开木末，园丁漫扫香樟叶。

■ 陈以良

秋韵三叠

怀秋

金色浑成青欲老，银光孕月影缠绵。
蟾蜍玉兔皆天景，夜半含情过屋前。

叹秋

瑶台不念红颜老，人对天庭密语绵。
白露承盘未央景，轻烟一缕茂陵前。

感秋

微露沾衣天色老，蓉凋红粉子莲绵。
耦丝串出珍珠景，孔孔连心挂月前。

咏白玉兰

凝神执剪望春裁，岂是仙人雪里栽。
玉臂交辉墙内影，楚腰束素镜中台。
离尘倦俗携香去，比洁登高踏梦来。
万朵千条齐聚首，纤纤只愿对云开。

■ 束志立

咏梅九首（选五）

梦梅

昨夜风清月朗奇，梦游峻岭见梅姿。
虬枝怒放花千朵，醒后犹馀馥郁滋。

访梅

东风抚面暖阳新，偕友登车意兴频。
喜睹群芳争斗艳，灵犀一点透心津。

问梅

百花酣睡笑卿痴，冒雪凌霜展丽仪。
岂忍寰尘滋龌龊，馨香且放待春时。

伴梅

一枝怒放露凝香，月色溶溶永夜长。
唯恐卿孤寒气袭，故留清影伴琼装。

注：伴梅，指梅边留影。

红梅

红装烁烁月痕中，恰似佳人妆罢浓。
冰雪心存清世界，虬枝朵朵绽芳容。

■ 刘贵生

西藏行十首（选五）

纳木错

琼浆玉液溯天宫，绿绿蓝蓝又露红。
神女依凭英杰护，念青本是白头翁。

㊟: 相传，纳木错的水源是天宫御厨里的琼浆玉液。又据传说，纳木错是帝释天的女儿，念青唐古拉的妻子，而念青唐古拉，即位于纳木错南侧海拔7177米的念青唐古拉雪峰。

中流砥柱

碧水尼洋傍佛山，飞花碎玉日潺潺。
工尊德母仙人椅，砥柱中流若等闲。

㊟: 相传，形似带钮印章的尼洋河中流砥柱巨石，是工布地区的守护神工尊德姆修炼时的座椅。

巨柏林

挺拔葱茏巨柏林，株株昂首近千寻。
柏王冠影还盈亩，沧海桑田在汝心。

天佛瀑布

神山天佛佛成群，佛祖观音共播云。
更有天然弘佛字，落差皕米瀑声闻。

日月同辉

午后朱羲正奋威，分明太昊月毋归。
若非气爽天高洁，岂可同时双曜辉。

■ 沈护林

壬辰四月初八是夜有古琴大家以声供佛于龙华古寺大雄宝殿

好风迎佛诞，天地合人情。
诗句堪消夜，琴声可养生。
七弦鸣历历，十指拨盈盈。
月送如来意，流光万里明。

友人新婚志贺

满江春水有人家，初放华灯五彩霞。
幸福船中迎贵客，良缘喜结庆芳华。

■ 黄思维

辛卯十一月十六日月全食作

粉丝无数伴娉婷，寒气殊难挡热情。
今夜天将云散尽，一轮亏满赏分明。

退休别同仁

廿年一霎去骎骎，岗位犹惭力不任。
行见法规修更备，却看治乱古犹今。
日来求诉知民意，事解纠纷尽我心。
老病平时多照顾，此番相别感难禁。

注：予于九十年代初进入朱泾镇法律服务所工作，后转到司法信访综合服务窗口，又转到综治工作中心至今。第四句见《列子•杨朱篇》。

周退老《我的感悟》一文读后

百岁人生感悟多，情深最奈别离何。
有常未免无常在，顺境应同逆境过。
幸喜于今重文化，可堪当日贱丘轲。
老来自得安心法，草阁深居尚作歌。

浣溪沙　和周退老题乔大壮先生自书《波外诗稿》册步无咎居士元韵

身在吴门望蜀门。思归不得有王孙。痛心桥下逝波痕。　　前路漫漫从正则，逸操落落照乾坤。倚声波外且重温。

注：钱锺书先生《赠乔大壮先生》诗：“春水方生宜欲去，青天难上苦思归。”又注：“先生思归蜀。”此诗作于1948年，孰料壮翁竟于是年七月自沉也。

浣溪沙　贺《周退密诗文集》出版

安处亭中一俊豪，兴随天际雁行高。粉丝引领不为劳。　　能事向来非促迫，好诗常自出甄陶。开编品读胜醇醪。

注：先生诗文集由黄山书社出版，友好得知后询问不绝。今年9月，先生特在博客上说明迟迟出版原因，以奉告友好。

■ 董明高

赋桃源

了得桃源庶，怡然不识愁。
茶楼天涧水，菜馆地沟油。
晓困鸡声促，夜闲箫韵流。
渔樵俱属汉，恰笑续光头。

迟宴

酒令当难客，寒欺老病身。
移居从婿女，宴设问冬春。
过浦风音滑，入园花气新。
来今天出老，举白以穷真。

谨谢闻楚荆先生病中大札见寄

海际通江汉，天涯察雨晴。
扶筇孤养疾，煮药苦熬更。
燕雀同高嚷，龟蛇各远行。
谁为教结屋，久缺老崖荆。

闵行体育公园鱼韵为荐

休道妄称许，旁园余定居。
林幽杉影错，水静蟹痕疏。
鹤噪晨曦岛，鹃啼暮霭墟。
仙源牵六欲，美感诱人书。

老鹤于飞

引颈鸣鹤泪，暮春寒雨洲。
迁居悲失日，觅食苦逢秋。
鼠抱园园卵，人投曲曲钩。
馀年难举足，道别反招羞。

㊟:“失日”，无休无止。

■ 顾方强

题白泥茶铫

清晨数客寂汤闲，暮笼寒星老屋前。
心内无牵无所沸，茗香只眼过长安。

太空之吻

探月巡星似等闲，蟾宫娥影未妆颜。
神舟一跃飞天吻，惊煞花容乱玉鬟。

二蛟龙戏海

筑梦龙王恰美鼾，忽闻宝殿响微澜。
何方神圣侵仙界，得水灵蛟意正欢。

㊟:“蛟龙”，指我国载人潜水器“蛟龙号”。

聆听伊曼尼木管乐

五月雨夜，璀璨的东艺中心。黑人组合纽约伊曼尼木管五重奏绵绵柔柔，若天籁般久久萦回在脑海心间。

一

天际流香绝妙听，唇间喑哑诉和鸣。
花来送目淙淙处，遥想长歌故土情。

二

月隐寒星曲尽归，雨偕陌上不须陪。
别乡浪迹多精彩，顾盼红尘坐乐魁。

㊟: 伊曼尼（Imani•Winds）木管组合演奏中特别依赖互相间眼神交流以求天衣无缝。

■ 郑建军

谈家渡

一江金水急，夕照武宁桥。
寒影分梅色，春痕入柳条。
老夫情不减，昔日味难抛。
岁晚谈家渡，谁来话寂寥。

曹家渡

和风细雨草平沙，水载歌声岸柳斜。
林立高楼何处是，夕阳闲渡老曹家。

河边漫步

茶余饭后觉身轻，信步闲堤傍水行。
雀鸟尚知人意静，寻寻觅觅不吱声。

苏州河

一

满天云接万航舟，夕照溜金百尺楼。
又绿江南何处是，一城春水号苏州。

二

苏州河水绿葱葱，三两舟行夕照中。
谁讶桥头坊巷阁，杏花斜出一枝红。

■ 韩文奇

杂感

一

职场生涯写字楼，孤帆搏浪逆行舟。
微言论尽中华事，仍为稻粱埋首谋。

二

地铁铿锵呼啸鸣，寒风伴我踏歌行。
丝丝暖意从心起，长念人间不了情。

扬州琼花节遇故人

东风夜放雪琼花，香满江南任尔夸。
美景随心能醉月，高朋满座亦迷茶。
如仙飘逸嘉春世，若道逍遥易乐家。
唯愿平生击节唱，融通万籁到天涯！

春日偶作

纷飞瑞雪映红阳，正望紫龙高首昂。
烟火斑斓城不夜，酒肴饕餮胃需康。
悠悠春水流身畔，阵阵晨钟响耳旁。
闲过一天心可愧？诗书急阅两三章。

在三亚

舷梯挥手展宽天，翠叶妖娆花萼鲜。
红日观潮澎湃景，清风听雨静安颜。
纷繁人事抛尘外，自在身心放浪间。
且看渔翁上海去，波涛出没亦悠闲。

■ 庞　湍

致敬《上海诗词》编委会

海上骚坛竖彩旗，随风飘舞展多姿。
九州吟友放声唱，都是掀天动地诗。

崇启行吟九首（选四）

2012年5月赴崇明岛和启东市旅游，感奋不已，吟成诗篇。

上海长江隧桥

红日东瀛出，长江入海流。
隧桥通宝岛，车队浪中游。

夜宿崇明岛

崇明今夜月，光照一江波。
随梦入东海，向洋生浩歌。

游崇明西沙湿地公园

西沙湿地望无边，只有栈桥通向前。
观景平台望眼处，苍茫苇荡入云天。

上海长江隧桥夜景

车队宛如浪里蛟，忽潜隧道忽腾桥。
夜临江水景观美，星斗落天光影摇。

■ 邢容琦

适陈桂春老宅谒吴昌硕纪念馆

雨访缶庐行凤庭，湖州画手执西泠。
艺坛四绝垂高古，海上驰名仰德馨。

雨游梅家坞

琅珰十里隔尘嚣，翼瓦连墙尽奉邀。
乡馔几盘茶一盏，闲看翠岭雨潇潇。

■ 相海勇

踏莎行 春睏书斋独坐

一

夜坐书斋，飘思放绪，新诗为赋强寻语。茫然举笔半空停，怎教腹里俗词煮。　　滴墨成湮，书斋做旅，拼争奈许江郎炬。星空已尽夜将明，眼前依旧云山阻。

二

刀刃断镣，崩砂侵石，刻章乐趣何曾少。等闲捋尽汉秦风，印坮也算皈依了。　　旧印新模，朱礳亮皎，明清腕底风流绕。欲携秦汉与明清，丹泥铁线共妖娆。

■ 朱强强

澜沧江

峡峰出鞘刺青天，飞泻江涛惊杜鹃，
雨打菩提好禅坐，放歌红日半成仙。

富春江

雾披少女薄衣纱，浅淡云山远近家。
日出翠珠全戴上，来春嫁给牡丹花。

漓江

江里小舟飞似箭，竹篙一点上云天。
蓦然不见艄公影，家在青山绿水边。

过苏堤

常来西子岸边游，携手春风上小舟，
一簇红花一枝绿，几番凋落几回头。

过东海

金波招手接亲旋，碧浪点头辞客还。
放眼长城安寸土，回眸利剑指寥天。
青襟峻岭红旗卷，黄发平川白马鞭。
云上星河若沧海，心中故国是桑田。

㊟: 时冬由东瀛归，见大海黄、蓝交界一望无垠，纪之。

■ 吴易梦

夏至感怀

春莫愁疏绿，夏来花色繁。
石山终老处，岁月未留痕。
篁竹空直节，荷莲守洁根。
泉清水不腐，生命附冰魂。

佳人

莲荷且曼舞，清风有却无。
花醒见佳丽，泉深月不孤。
夜莺未言语，我歌影若雾。
君来梦徘徊，百灵寻何处。
只缘春草长，牵连泪人衣。
空待年光久，坐想风起时。

■ 袁人瑞

周总理诞辰一百零五周年咏

正值周公百五辰，英豪倜傥出津门。
军旗猎猎开天地，国际劳劳缔友昆。
播雨调风常吐哺，鞠躬尽瘁总亲民。
和谐盛世君当慰，重整山河万象新。

咏梁漱溟

硬骨支离不屈身，刚声直谏犯龙鳞。
士林鲜耻成刍狗，鼻息游离凭圣君。
悯苦农民讥假意，厉行秦法为洪恩。
趋炎避害芸芸众，独立纶巾有几人！

浪淘沙　佳木斯最美教师张丽莉

美丽茉莉花，绝代风华。临危勇救学生娃。滚滚车轮浑不怕，气慨如霞。　　事迹国人夸，众里寻她。莫言世味淡如纱。书写人间真善美，大爱无涯。

清平乐　杭州最美司机吴斌

无情痛楚，飞铁摧肝腑，命在须臾全不顾，稳稳把车停住。　　临危镇定从容，安全职守铭胸。今日杭城垂泪，万民祭拜英雄。

■ 龚家政

先严十周年忌日

隔断幽明已十秋，遗文细读尚多愁。
危艰还向遗容问，喜乐犹惭报本休。
姐妹丧孀吾有泪，宅园修葺自娱眸。
唯将一语尊亲告，家谱添丁已续修。

沁园春　咏雪纯居士及其住楼

萧风楼头，远目南浦，近傍渡津。看雍容室雅，严疏有致；琼窗明洁，顶壁罗文。半砌帷屏，数盆红绿，浓抹淡妆满眼春。谁手笔，乃西窗倩女，剪烛情殷。　　佳人楚楚清淳，又素骨芳心性率真。似梨花雨泽，桂香飘逸；水仙韵节，兰蕙流芬。品视其中，三分春色，仪貌才情气质身。可意处，但温文软语，亦感神魂。

■ 江荣清

我用电脑储日记

一

十指频弹键唱歌，荧屏闪烁感言多。
年轻榜样千秋志，古老炎黄万里河。
人信长空无雹雪，我知大海有涛波。
陈文本是源头物，蓄水来年可润禾。

二

一篇日记一支歌，苦辣酸甜味道多。
住宅拼居奇特事，官司上访奈何河。
为人忠耿缠绵病，尽职顽强击浪波。
风雨春投三粒谷，阳光秋获万棵禾！

㊟：上世纪八十年代，我是单位分房小组成员，为解决“僧多粥少”的矛盾，曾将一套两居室分给两对新婚夫妇居住。2007年我作为代表帮单位职工维权打官司，法院以诉讼期限已过，不支持我们的诉求。奈何河，即佛教中传说的地狱之河名。

三

球绕金乌五十旋，文留一万八千篇。
行间流淌江中水，字里迷茫域外烟。
虽掬原生田野菜，也尝家国贵宾筵。
十年弹指换三键，四库增添一块砖。

十年编辑有感

清贫学会小荷尖，粗服蓬头任石砭。
三十三期诗与画，三千余日苦和甜。
穿针引线裁缝活，迎客端茶挂卷帘。
虽是寻常繁琐事，也因学浅惹人嫌。

■ 沈志仁

依韵和江荣清《十年编辑有感》

诗词爱好喜沾沾，刻苦专研韵语严。
十载勤编诗与画，经年劳碌苦兼甜。
弘扬国粹妆江岛，传播文明赞鲽鹣。
莫道新荷才露角，初秋更是胜葭蒹！

画堂春　贺崇明诗书画学会成立十周年暨换届选举

春风杨柳艳阳天，诗书图画团圆。十年辛苦果斑斓，喜报频传。　　三届新生理事，欲开文化新篇。崎岖山道再登攀，个个争先。

人月圆　观女子国际公路自行车赛

桃红柳绿春风暖，五彩锦旗飞。车新貌美，精神焕发，巾帼英姿。　　心怀壮志，你追我赶，快速奔驰。冠军冲刺，呼声震天，宝岛生辉。

■ 董佩君

游八达岭长城

雄关绵万里，浩气贯中华。
哓角中秋雪，烽烟五月沙。
秦城遮翠柳，汉垒没烟花。
侪辈休停步，登高可揽霞。

兰亭书会

沛雨燕飞迟，春归嫩柳垂。
兰亭书会盛，古越故知随。
把酒情融雪，挥毫韵若曦。
独吟怀逸少，妙境志当追。

重游九寨沟

秋蝉声已绝，枫叶未呈红。
云雀林间戏，游鱼彩玉中。
飞流生白石，静海影苍穹。
仙境心中在，无忧山色空。

井冈山望远

蒙蒙细雨淡烟横，翠岗连绵隐旧棚。
笔架峰前诗有色，黄洋界上画无声。
松涛若泣哀烈士，柳浪低吟颂赤诚。
雾锁罗霄尘未染，青山不老任阴晴。

■ 王伟民

游青田石门洞

石洞瀑从天上来，却疑银汉闸门开。
洒成四壁霏霏雨，响作千年滚滚雷。
表里清溪隐复现，高低彩霭去还回。
地灵遍印奇才迹，最是刘祠立岸隈。

天目山四世同堂万年古银杏

碧水潺潺禅寺前，参天银杏白云边。
廿株连本荫三顷，四世同堂寿万年。
风雨饱经无病态，丹青常绘有人缘。
蛮笺今古多吟入，妙笔皆如李谪仙。

■ 贺乃文

听闵惠芬二胡演奏碟片

双弦奏流水，碟片赏仙音。
柳浪鸣黄鸟，飞云缭碧岑。
风生渐离筑，松响蜀僧琴。
一曲林泉韵，萧然净我心。

远谢

一日赴郑州远郊办事而迷路，奈何街衢交错，行人稀少，正惶窘间，一女见状详细指点。分手不久，女忽返身欲为带路。我深谢其乐于助人。女曰：“人谁无老，小事奚谢为？”言颇感人，遂为诗远谢。

临歧方困窘，地僻往来稀。
陌路凭谁问，女娃知我希。
盘陀为向导，耆艾得因依。
吾豫多良善，琦行寓细微。

注：“耆艾”，古以六十岁为耆，五十岁为艾，泛指老年人。

题衢州药王山

蓬莱方丈并瀛州，此地风光料无俦。
瀑泻悬崖晴雪冷，路环丛翠嫩香幽。
几多野鸟啼林壑，无数山花绽笑眸。
筇竹徐行云雾里，猿声隐约啸松丘。

华山极顶

登临华岳最高巅，顿觉烦襟一豁然。
静听潺潺溪出谷，遥观冉冉日昇天。
丹霄路近梯崖峭，紫府钟幽道士虔。
身倚层峰发长啸，老夫今作地行仙。

行经官渡

路出中州旧战场，袁曹曾此竞低昂。
马嘶人喊烟尘靖，兔走乌飞岁月长。
千古风流成故事，一腔怅惘立斜阳。
欲将肺腑呈豪杰，偃武修文世所望。

■ 张才得

闻戴公祠曾被异化为迷信场所

迟吊南塘愧十春，曾闻香火乞尊神。
想公两袖清风去，那有钱财散后人？

注：戴公，乃乡贤戴复古（石屏）先生。

春游海盐南北湖三首

一

山环水绕海长歌，烟柳蒙蒙堤压波。
梨白樱红蜂孟浪，岚飘云散镜新磨。
登楼望远三边静，听鸟呼晴六合和。
指点鸡笼车不到，葬花天气感人多！

注：“葬花”，传秦淮八艳之一董小宛在鸡笼山葬花，或谓此为《红楼梦》黛玉葬花之张本。

二

茂林修竹翠烟浮，比屋山阿德不孤。
国士幽居捧肝胆，男儿骇世献头颅。
游行抬柩悲歌起，策杖行吟书案铺。
多少名园名手出，明轩远渡快何如！

注：湖畔有金九、黄源、陈从周三纪念馆结邻而居。《论语•里仁》：“德不孤，必有邻”。金九，被称为朝鲜国父，在沪组织流亡政府任总理，1932年，领导志士尹奉吉在虹口公园炸死日酋白川中将，举世惊动，他曾在褚辅成等掩护下，避难于此。青年黄源，在鲁迅逝世大游行中参加抬柩，解放后历经磨难，晚年时有文章见世。古典园林名家陈从周，曾向美国出口中国式园林“明轩”。

三

鲍公堤上柳缠绵，南北湖中水载天。
春到芳洲飞白鹭，夜游高士拂朱弦①。
道人仙去丹炉冷，双燕珠沉神韵湮②。
最是风流顾夫子，长安米贵至今传③。

注：① 白鹭洲为一景点。又，明关中名士孙一元（太初）访许相卿于此，中秋夜游，曾名此湖为“高士湖”。

② 其间谭仙岭，传有谭姓道人得道成仙。又，名噪一时的海盐衬衫厂步鑫生事迹正在展出，“双燕”是产品商标。

③ 唐大诗人顾况，海盐籍，曾在近处筑读书台；初识白居易时“长安米贵，居不容易”一语，流传古今。

满庭芳　回乡书感

高铁弦张，动车电掣，缩地奇妙良方。清明时节，逢大好春光。绿水青山小站，林深处、富丽堂皇。相思地，烟霞缭绕，垂老过吾乡。　　昂藏！渐跨出，家庭小厂，散落工房。正连片新城，改换时妆。崛起层楼倚翠，近大道、别墅登场。人情好，繁华满目，揽入我诗囊。

■ 马漢培

忆往事呈茅永学长兄

绿樾佳楼共饮茶，长怀返沪访君家。
适逢拂晓南风暖，笑赏荷塘绛藕花。

感谢嗣文兄赠送桂花

感君赠我桂花枝，银白金黄色总宜。
最是夜来秋意爽，浓香万缕读书时。

西湖杂咏

夜静环湖分外清，中秋赏月桂花馨。
垂杨丛里嫦娥影，浑似娇娃舞翠屏。

丹青绘寒梅

丹青妙染岁寒花，雪压霜欺志更奢。
千缕幽香飘万里，东方喜见荡红霞。

■ 张秋红

满江红　黄花岗

望断神州，魂尽绕、白云山麓。钟情处、后凋松柏，傲霜枫菊。千古丹心凝浩气，百年碧血催新绿。倚高风亮节吐芳菲，江山馥。　　先驱简，和泪读。临终语，思犹哭。信中华儿女、不忘遗嘱。赴义欲除民众苦，舍身为造苍生福。幸至今、英烈照心头，如明烛。

满江红　苦斗

触目街头，不堪忆、娇儿流落。肠断处、生离死别，天涯漂泊。北伐途中云雾冷，长征路上风波恶。纵经年苦斗在刀丛，犹求索。　　游沧海，思大略。下地狱，寻良药。倚英雄本色、始终拼搏。刻骨忧民长夜恨，铭心救国千钧诺。幸一轮、朝日笑东风，方喷薄。

满江红　延安

二月春风，方裁出、枣园柳色。窑洞外、早莺新燕，又闻踪迹。此地曾迎千里足，当年幸有如椽笔。任高山流水唱黄河，秦天碧。　　凌云志，宜珍惜。英杰梦，长相忆。笑群魔乱舞，几番狼藉。百鸟争啼林密处，万花竞放冰消日。望杨家岭上树常青，神州立。

沁园春　祝福

浩荡东风，明媚春光，放眼九州。叹平湖一带，村村大路；清江两岸，户户新楼。舞榭歌台，莺俦燕侣，锦绣河山自在游。烟柳畔，有花香扑鼻，鸟语啁啾。

千秋风雨同舟。幸公仆争为孺子牛。念中华崛起，雄图未竟；炎黄飞跃，壮志须酬。屹屹长城，堂堂古国，挺立从今向五洲。圆梦处，任一轮红日，照彻金瓯。

■ 许冰雨

无题五首（选三）

一

凌波竟尔过横塘，记得当时身欲翔。
南国春滋杏花好，西园雨润柳丝长。
奇缘底事成乌有，妙计除非问子房。
检点浮生三十载，就中此事最荒唐。

二

当时年少共书窗，初放兰花咫尺香。
缘短犹生别情厚，鸿飞何惧乱山长。
有心重得百番聚，回首堪叹廿度霜。
他日小楼重对坐，灯红酒暖一端详。

三

百无一就那堪谈，独酌中宵强作三。
壁上青锋已埃蠹，案头壮语只生惭。
大苏境界何年到，小杜裙钗半世耽。
谁识低回阿凤意，生非容易死非甘。

■ 颜志忠

浦东地区市级非遗七项目

哭嫁哭丧歌

古老乡风代代承，送丧出嫁唱原生。
要看妇女心思巧，就比拈巾哭两声。

卖盐茶

扁担上翘挂篮筐，头顶红绸着女装。
庙会沿街开舞步，挑来鼎盛古盐场。

三林刺绣

引线行针刺薄纨，琢嵌抽拉独家传。
三林女子一双手，绣出斑斓八百年。

高桥松饼制作技艺

小巧浑圆入口松，豆沙百果枣泥红。
百年塌饼名声响，昔日提篮巷陌中。

花篮灯舞

丰收节日舞穿灯，乡里姑娘拗造型。
踏拍循声到曹路，横花棚里喜相逢。

张氏风科疗法

祖业沿承十一传，驱风去湿有仙丹。
草汤一剂丸三粒，患者重撑出海船。

打莲湘

手扶翠竹舞莲花，伴唱民谣响切嚓。
艰苦移民垦荒曲，已成老少练瑜伽。

■ 沈钧山

鲤

须韧鳞坚实，勇迎湍瀑冲。
蹦跳千百万，谁个化为龙？

雏

寒枝不用饰黄金，但得安栖即可心。
小鸟欢欣尖细唱，登高自信有知音。

猫

耳双尖耸眼双明，胡子横张脑子灵。
踏地无声奔似电，登天有影扑如星。
栖隅寂寂真堪悯，乞食咪咪不忍听。
已惯平生清苦足，剩羹残饭乐昏暝。

缅怀杜甫

经天日月转如轮，奄忽一千三百春。
落叶江湖更忧国，破庐风雨独哀民。
心随意动遴词准，手听情驱下笔真。
身世当时焉见重，不辞清苦作诗人。

■ 岳永贵

纪念建党九十一周年

九一航船主义坚，中华儿女勇争先。
红旗猎猎神州耀，星火熊熊马列传。
推倒三山新国建，扫除四害喜心田。
扬鞭跃马金汤固，富国强民荐圣贤。

哀悼胞妹

噩耗传来涕泪涟，泪雨滂沱思万千。
往事桩桩浮眼际，亲情沸沸煮心田。
一双洞穴埋灰烬，三炷心香慰妹眠。
人生百岁终归死，但愿魂安在九泉。

鹧鸪天　上海交通大学医学院六十华诞

　　桃李全球有万千，学科发展设施全。十年文革停前进，六秩春秋敢跃先。　　兴教学，重科研，人才辈出创新篇。精勤不倦功昭著，博极医源勇向前。

■ 胥鸿程

题荷花

根茎自幼卧泥中，出水清莲别样红。
市价虽无国色贵，庶民心里最推崇。

画荷

古稀画意更为浓，逢友涂荷涤秽风。
愚叟倡廉虽力薄，汇成众志震苍穹。

斗暑

今逢酷热倍难熬，夜幕虽临暑未消。
索性挥毫涂玉骨，望梅止渴也逍遥。

■ 沈　毅

解愁

一生穷厄未安宁，病体如何还壮青？
虽有良医难见面，陈仓暗渡慰吾丁。

秋闲

风华秋韵菊斑斓，九九归源盼顺安。
欲壑无求平百病，神怡心旷雅兴欢。

■ 陈　诺

四季之歌

春之歌

阅尽春光放眼空，东风拂煦翥诗鸿。
撩香沁腑桃花畔，舞柳回肠杏雨中。
紫气轻岚吹梦冷，晴歌阡陌抱烟融。
寻思欲赋江南曲，半日沉吟总不逢。

夏之艳

水墨江南绿满溪，和风吹起夏荷题。
晴烟日暖流泉泄，思盖山重眉宇低。
二十四番花解语，三千诗卷赋云霓。
曾经几度芳菲尽，璧月裁心草正萋。

秋之韵

昨夜秋风渡玉关，琵琶行过水云间。
千春叠梦三更月，一树枫红万里山。
枝上流光随落叶，庭前菊蕊载香还。
天边雁字南飞影，尘迹无涯岂等闲？

冬之魂

天边日落碎斜阳，秦岭云飘浅淡伤。
遥看多时山色晚，默然无语倚纱窗。
红炉煮酒堂前暖，白雪清茶沁鼻香。
笛弄梅心诗和月，曲谱稠叠咏华章。

■ 叶良骏

咏石榴

似锦如霞透碧丛，斑衣绿蒂染腥红。
堂前槛外春犹在，别有新枝沐好风。

卜算子　相望

旧梦付烟波，枕上闻啼鸟。户外凄凄三两声，偏向心头绕。　　诗味浅还深，倩谁同昏晓？重到西园不见人，辗转愁如绞。

■ 卢　元

喜返沪

铁鸟横穿印度洋，朝辞悉尼暮申江。
门生侍候情何笃，契友重逢喜欲狂。
大厦摩天天觉矮，长龙卷地地生光。
四年阔别沧桑变，且待来朝细品详。

在沪二月纪事

阴雨连绵五月天，书斋独坐此心专。
韶光偷换双三十，旧稿重勘八百千。
故友欢言情切切，门生设宴意拳拳。
平生心事从兹了，沪澳双栖度晚年。

㊟:“旧稿重勘”，指筛选旧稿，将出版自选集八十万字。

■ 李亦雄

湖州二诗友莅沪见过诗以记之（六选二）

闻讯

手机传喜讯，槛外石榴红。
扫径迎芳躅，候门接蕙风。
热情掺二手，香茗奉三盅。
深感姚嵇义，重于岱与嵩。

席间

有朋苕霅至，不亦悦乎哉。
久切停云念，难忘敲韵煤。
苔岑欣契合，玉简望频裁。
凭借微醺问，何时得再来？

入梅

将到端阳艾欲悬，已舒荷叶正田田。
榴花熠熠红如火，煅出江南梅雨天。

悼诸光逵画师

驾鹤何由急返天，识荆端亦是前缘。
临风朱竹仍悬壁，怕听萧萧泣杜鹃。

悼何锡麟先生

噩耗传来泪欲潸，那禁恍见旧容颜。
多年丽泽情难忘，闷写哀衷恨笔悭。

悼强忠荣先生

壮岁曾餐塞北风，又罹癌症总忡忡。
深叹从此诗缘绝，只有音容入梦中。

■ 王宗凯

雁荡山纪游

拾级披云过磊嵬，层峦叠嶂劈天开。
山围雁荡松涛吼，瀑泻龙湫石壁摧。
仙境有缘成小住，人生能得几回来。
当年词客谁凭吊，短碣残碑满藓苔。

皖江晚眺

绿杨阴里映斜晖，岸畔渔村隐翠微。
野水平桥浮塔影，江涛捲浪拍柴扉。
荒山客梦迷蝴蝶，老树寒枝冷子规。
古寺苔深人迹少，钟声常伴白云飞。

偶成

宦海沉浮思欲狂，百年青史费商量。
输他覆雨翻云手，笑我寻诗觅句忙。
纸上烟云空变幻，梦中踪迹付荒唐。
残年忽忆儿时事，帘外春寒夜正长。

■ 方宗远

顾村吟樱花

瀛洲仙子落凡尘，万顷繁花百万人。
千树红霞腾紫气，满园翠色爽精神。
曾经赤海难为梦，除却奇葩不是春。
娇柔化作芳菲雨，相约来年脂色臻。

米寿自吟

廉颇老矣一衰翁，铁韵钢声两扈从。
汉阙稚年捐薄力，江湖晚岁献微衷。
米来愿种兰三畹，九至何愁酒一盅。
天若十年犹假我，期颐起舞唱昌隆。

壬辰迎春曲

辛卯推迁入壬辰，龙行万里泣蛇神。
众星闪耀辉三界，五谷丰登续八春。
航母出洋遭热议，隐身初试惹嚣尘。
一派喜人形势好，赤旗猎猎展昆仑。

■ 章人英

为平湖瑞祥古寺重建题碑

日照汤山雾气清，晨闻古刹响钟声。
禅心无语尘心寂，万里波涛伴月明。

壬辰岁首参加第三届成都诗圣文化节诗歌赛

广厦千间锦水滨，杜公宿梦已成真。
传承文脉思先哲，百岁从头学做人。

㊟：是日农历元月初七为“人日”。

■ 张　渊

参观蒲松龄故居感怀

冷月寒星舞朔风，萧斋面壁塑精灵。
谈狐志怪寄孤愤，讽吏刺贪鸣不平。
痛斥幽明荒诞事，畅扬人鬼爱怜情。
聊斋魅力传天下，一代奇才百世名。

■ 顾守维

满园春色

春色满园花盛开，抚琴吟咏上瑶台。
东风得意桃花雨，滋润诗坛出俊才。

春日踏青

春日寻芳访顾村，名花争艳逗游人。
清明览胜人如海，和煦东风倍爽神。

黄昏夕照

夕阳娇艳照河塘，无数金睛放彩光。
早晚媪翁来聚会，点头微笑话情长。

■ 沈永清

绿梅

春约奇花带绿开，冰凝玉琢雪培胎。
百年坐镇梅园角，自有高朋不远来。

鹦鹉

一身彩羽少人评，关入笼中得念经。
本是飞林南国鸟，要他学舌作歌星。

腊梅

含苞怒放一身黄，赤臂何曾怕雪霜。
莫道梅枝春立早，前头已有蜡花香。

春月夜

夜来共月倚南窗，风送春花扑鼻香。
有酒焉能私自醉，杯中落影是清光。

买房难

梦里平方百米装，齐全厨卫有厅堂。
常思共住人三代，无奈含酸泪两行。
楼市天天乘火箭，薪金月月叹黄粱。
节衣缩食清贫汉，自问何时可买房。

■ 李枝厚

春到养老院

亲水平台樱盛开，清香阵阵蝶蜂来。
媪翁花下不知老，曼舞轻歌春满怀。

临水人家

傍水南北一条河，垂柳牵舟晾网篓。
绿竹门前鸽寻食，小楼夕照奏笙歌。

抬杠

两个老头争不休，吹胡瞪眼数风流。
孙儿惊悉忙相劝，一脸雄风顿变羞。

祭月明爱妻

又到清明思妇贤，举杯望月泪涟涟。
轻声遥问爱妻好，天上人间十二年。

■ 张　林

贺神舟九号靓丽升空

中国西部酒泉于2012年6月16日18时37分发射神舟九号飞船成功。

神舟逐梦薄云霄，一号天宫迎俊豪。
老友新朋齐上阵，靓男倩女技能超。
酒泉大漠耀光彩，天将神兵传世骄。
待到十天回返后，凯旋共贺宴醇醪。

■ 丁萧寒

年华似秋

霜侵阶草掩春门，花谢山空已断魂。
风冷天高尘满院，年华一去了无痕。

无题

庭院骄阳煦日风，月云陋室揽星空。
借来多少糊涂酒，春雨秋风在梦中。

思远人

总忆黄昏花月下，携手路程短。夜风来雨尽，窗棂难静，心意寄书案。　　一声杜宇随云远，梦里与君伴。望翠柳燕巢，旧时相约，流苏为谁转。

杏花天

月照霜露花弄影。叶无语、谁人知冷。秋风不见春天景。唯有青灯耿耿。　　记携手、通幽曲径。忆素眉、红烛对镜。茫茫尘世何处净。到底心思难静。

■ 林德恩

晚晴楼前

如飞岁月散榆荚，不见金陵八艳家。
来燕媚香何处去，秦淮流水映桃花。

德天瀑布

作客山庄夜不宁，惊雷动地到天明。
银龙霄九晴空降，七彩飞虹头顶行。

龙口

青峰霁后几朱霞，海市蜃楼三二家。
月亮湾头逐浪醉，东风缱绻数桃花。

无题

琴心三叠忆幽州，五岳访仙禅道修。
宠辱不惊流水去，何须宋玉赋悲秋。

■ 纪少华

橘子洲

湘波合抱水中洲，硕硕橘枝晴日秋。
岸菊开时思竞舸，江云起处忆翔鸥。
英姿倜傥丹岩耸，辣语飞扬碧浪悠。
今世居安忧广宇，更期来者显风流。

有感

人间自古慕才情，弦上奇葩舞袖萦。
千古江山书与剑，一生草木暗和明。
捧花邀月君如月，借酒追星我亦星。
天意无违功十载，碧梧来绕凤声清。

秋赋

暑气渐消从立秋，凉风将压热风休。
何愁绿叶成黄叶，但信清流滤浊流。
白菊杯中浮皎月，彩云梦里上高楼。
年年雁翼归人字，江水滔滔荡一舟。

■ 孙　谦

壬辰申城倒春寒

申城三月倒春寒，雪雨扑身难脱棉。
绽放梅苞时日晚，冰凌垂挂压枝弯。

申城喜会老战友

秋风飒爽菊黄天，一别京城已卅年。
苒苒流光人显老，灿灿余辉体尚安。
敞怀载笑千般慰，叙旧言新百感牵。
拍照珍藏留岁月，桑榆晚景乐陶然。

行香子　壬辰上海世纪公园赏梅

沪倒春寒，梅展迟颜。乱花期，仍自斑斓。横斜枝瘦，疏影芳妍。有朱砂瓣，东方萼，美人眠。

暗香吐韵，初绽嫣然。报春归，树树花繁。万红千紫，掠燕呢喃。看蝶飞舞，花影动，鸟儿喧。

■ 朱化萌

远航

2012年春，有机会赴澳大利亚新西兰旅游，此乃生平第一次出国远航，空中景色奇幻，惊喜不断，赋句抒怀。

银燕高翔万里豪，劈开浓雾跃重霄。
叹观云海真绮丽，欣觉青天更色娇。
何处仙宫升紫气？唯知玉宇任逍遥。
大洋初越登夷岸，难遏心波趣浪高。

江城子　网络情

三春相伴逐心潮。键盘敲，乐晨宵。佳文音画，网上竞争骄。欣赏点评通肺腑，情真切，意神交。

谁言树老叶零凋。发新枝，绽花苞。夕阳晚照，霞彩荡萧寥。端坐屏前观世界，天地展，任游遨。

■ 刘喜成

赤壁吟怀

洗去秋云忆梦花，萧萧落木抱西霞。
刀横北斗推潮立，风卷惊涛带雨斜。
壁动流星春晓曲，旗翻故事浪淘沙。
烟灰一抹魂飞处，谁问英雄过钓槎。

饮龙井茶

春色深藏梦不枯，沏开几朵似珍珠。
清于浅处凭心有，爱至深时却语无。
换盏杯中龙井赋，抬头楼上水云图。
吟怀提笔牵风雨，梦在江南泉在壶。

沪夏之歌

江南当识好时光，雨洗东西染锦妆。
几处雷声更漏子，一园竹影满庭芳。
风牵两岸青蓝紫，歌对千荷白绿苍。
播种诗花人未老，浮云碧水梦天香。

南乡子　夜

绿竹寂无声，黄浦星空梦五更。案上诗灯吟可醉，云清。只有秋光伴月明。　　应是夜添情，可惜乡心寄不成。我念油花花念我，真情。起看江南晓柳风。

■ 李文庆

题上海世纪公园

园开新世纪，春满镜天湖。
绿海吟亭阁，清溪泛舳舻。
喷泉赏梁祝，月榭舞欢娱。
风爽菰莼处，灯楼尝脍鲈。

与诗友同游南浔小莲池

一

古榭溪桥十里波，柳丝依恋一湖荷。
新莲不觉春风老，初露红唇欲放歌。

二

幽径曲池清绝尘，小莲初见一枝新。
柳风香里芳心动，要写人间第二春。

南歌子　南北湖见闻

稚脸纤纤手，颦眉淡淡烟。沾泥嫩笋满篮鲜。浅笑含羞轻唤、换零钱。　破土春声响，尖尖竞翠园。龙孙十万梦参天。谁念层层新绿、映湖山。

注：龙孙，笋的别称。宋梅尧臣诗："龙孙春吐一尺芽，紫锦包玉离泥沙。"

风入松　踏青观舞龙

云山袅袅水婷婷，沪上雨初晴。渔歌声里轻帆过，烟汀外、芦柳青青。隐隐芰荷抽绿，江村处处啼莺。

东风一夜荡春城，心事共潮生。琼楼渐见连云起，虹桥边、十里华灯。但得留春长住，人间喜看龙腾。

■ 张忠梅

题友人藏石六首（选四）

双鸥石语

曾经比翼振蓝天，搏浪乘风路万千。
携得沧桑多少事，相濡以沫忆华年。

题石笔筒

一尊玉影伴芸窗，椽笔参差凝紫光。
落墨清风春卷浪，催人豪兴著华章。

题石红薯

玉体紫衣生僻乡，位卑只作度荒粮。
有缘盼得睿人识，一跃荣登大雅堂。

题情侣石

春宵一刻几多金？银汉茫茫何许深。
海誓山盟皆俗物，卿卿我我最知音。

浣溪沙　校园一瞥

楼苑窗明不染尘，桃娇李嫩沐阳春。韶华初茂惜光阴。　奋翅蓝天长入梦，披霞迎日读清晨。声声雏凤动乾坤。

■ 王义胜

郁孤台怀古

汩汩清江泪，行人痛未终。
壁间题字黯，望内远山雄。
胡虏见强富，神州悲厄穷。
千年兵寇迭，说与稼轩公。

观心岩阳明先生讲学处

先生垂训处，洞壑本崚峥。
僻径招幽客，薰风溯古情。
摩崖霜露透，学问圣贤成。
木杪遗清响，如闻雒咏声。

注：观心岩在赣州通天岩景区。

吊汤显祖墓

玉茗清香远，牡丹犹梦惊。
雄心冷衰草，檀板起娇莺。
孤冢频刬灭，庶羞难进呈。
人间未如戏，微语寄先生。

注：墓屡毁屡葺，文革后迁至抚州市人民公园内。

宜黄

江南景物略相同，滚滚烟光入目中。
龙凤巍峨谁啸傲，宜黄洸滁此连通。
典纲早立汉唐世，忠义细询耄耋翁。
多少街头冠冕客，不知襄敏是英雄。

注："龙凤"，二山名；"宜黄"，二水名；谭纶谥襄敏，明嘉靖间抗倭英雄，时与戚继光并称谭戚，官至兵部尚书。

瞻谭纶像

迳过宜黄路几弯，雨中铸像水痕斑。
低眉拟悯沟渠鬼，抚剑犹戡岛屿蛮。
凛凛威仪含果勇，深深忧郁摈安闲。
尊前不说和倭策，已见将军泪暗潸。

■ 成德俊

桃花

蛰伏枝头久，春来许问津。
敲门人面杳，展扇血痕新。
腮染胭脂色，魂娇西子身。
岂伤生短促，开落艳红尘。

和佐义兄白樱花

霖雨频催发，和风夜暗熏。
未消三寸雪，疑落满天云。
武士悲怀诉，情人絮语闻。
独为春色醉，把酒谢东君。

张勋复辟

易服犹将小辫留，忠心直使悔扬州。
挥戈难挽西边日，一缕回光照石头。

北伐战争

沉沦华夏页翻新，热血横流染战襟。
汀泗桥头鸣号角，欲凭书剑也从军。

登天柱山

曾攀五岳自从容，危道何劳铁索通。
莫笑杞人忧日月，岂知皖石柱苍穹。
云岚过眼飞孤鸟，崖壁迎风挺一松。
百折千盘登顶处，群山与我问谁雄？

■ 季肇伟

沁园春　访白鹿洞书院

日照云萦，夕晚晴轩，五老望舒。聚洞幽书牍，青髫年少，烟蓑雨笠，白鬓村夫。仲晦先贤，创开书院，南麓文坛第一庐。御书阁，撰四书集注，自创新途。　　当初白鹿鸿儒，创理学衍延谁胜朱？仰晚唐李渤，公堤西苑，婺源云谷，甘棠东湖。养正遗规，同施教化，不使人生笔墨疏。天知否，俟轮回下辈，我也教书！

注：白鹿洞，位于庐山五老峰南麓，早以唐朝李渤饲养白鹿攻读闻名；南宋起称海内第一书院，有晚晴轩、御书阁、思贤桥、甘棠湖、李公堤。朱熹，字仲晦，号云谷老人，江西婺源人，设坛理学，编《四书集注》，以“传统圣学，养正遗规”名扬天下。

最高楼　上网有怀

开微博，网讯遍追寻。千里觅知音。一从伊妹抒良愿，遥思诗侣更沉吟。数经年，屏解语，慰闲心。

电脑键，指敲情寄托。泪偶拭，世风多悚陌。眉聚敛，复愁颦。缘何乱象无人理，中原曾是缦卿云。任尘寰，殊恣肆，祸谁因？

满江红　八一三前夕寻踪四行仓库作

淞沪风云，狂澜处，血鏖战激。同敌忾，四行先烈，铁戈鸣镝。难忘八一三怅恨，但闻凄雨声淅沥。空怅望，时过境已矣，烽烟熄。　　国殇泪，深恨极，无说处，空伫立。正伤心离沛，俨然相忆。旧燕巢迁新厦起，英雄碑立无踪觅。归去兮，一曲祭忠魂，膺悲溢。

贺新郎　梦回故园

梦绕人生路。怅红尘，雨僝风僽，夕阳天暮。庭院神游空蹑迹，犹记枇杷栽树。泪暗滴，无言情愫。曾得几回双眉展，况此情缈缈难寻处。忆往事，最谁苦？

甚时梦醒吟新赋？喟而今，韶光逝水，屡空敦睦。秋露草头霜无影，澹月清风前度。词一阕，稍舒眉蹙。襟抱未曾随身老，任囊中诗满无倾诉。言未尽，待今吾！

霓裳中序第一　六十初度述怀

遐龄耳顺籍，一任韶华如过隙。熙往忆骋展翼，洒清泪几行、逡巡因疾。黄鸡白日，镜里朱颜渐将易。噫吁嚱，漫嗟爱怨，细语诉君侧。　　如昔，赋词谐律，展笺襟秉笔。撷碎玉瑶琼探佚。耆年骧骧伏枥，作课诗翁，老去难息。肯夕照桑榆阒寂。休孤负，旧俦新侣，倚剑咏双璧。

注：“黄鸡白日”，即光景催年。白居易《醉歌》：“黄鸡催晓丑时鸣，白日催年酉时没。”

■ 施提宝

诗怀

每怨流川太绝情，不堪老去倍心惊。
独钟韵律充饥腹，消遣余生不为名。

得悉儿学成将归

海上鲲鹏振翅飞，扶摇玉宇铸神威。
学成天马骧腾术，欲使金瓯日月晖。
天道酬勤终有报，人心向善莫能违。
江东慈母思情切，秉烛南窗待子归。

心态

早年公事总争先，不拔头筹难入眠。
斗胜争强徒用劲，称褒责贬费周旋。
劳神致病经流岁，尽瘁伤心付往年。
所幸闲来多醒悟，个人得失但随缘。

鹊桥仙　壬辰清明

眼前黄萼，心中离绪，何故喜忧参半。江南梅雨又寒食，廿载诀愁何曾断。　　祖庭残壁，故丘青冢。常在梦中辗转。愁思不绝恨绵绵，每年此时心意乱。

江城子　夜雨晨曦

山风携雨扣窗轩。望山前，黑无边，一线微光，勾划百峰巅。欲把浊尘皆洗却，无腐败，艳阳天。

农家早起过溪泉。水牛牵，负犁辕，泥水冰凉，赤脚下梯田。想起青春流落恨，心漠漠，泪涟涟。

■ 曾小华

如梦令　游香港大屿山宝莲禅寺

大屿闻禅迟暮，鸾镜拂尘无数。曲径觅幽踪，迷失悟禅心路。思渡，思渡，佛指宝莲深处。

如梦令　瞻天坛大佛

大佛隐归云岫，朝觐难寻人瘦。千嶂蓦相逢，明镜菩提依旧。知否，知否？顿悟慧心通透。

踏莎行　情游香榧园

翠海掀波，层峦探路。采风香榧林深处。浣纱溪水寄情思，参天古木欢声住。　荡竹生风，黛山缭雾。老夫情起吟词赋。榧王冷眼越时空，闲云野鹤长天暮。

注：榧王，长势茂盛，有一千多年历史的香榧树

永遇乐

孙儿令辰于2012年6月27日诞生，余赴港抱孙，喜极援笔填词。

华月生辉，暖风笼翠，金璧香岛。祈愿清飘，虔心佛晓，舞鹤衔芝草。梦牵鹊报，红笺乍到，天赐令辰龙曜。似闻啼、声惊四座，福承嗣兴矜傲。　麟儿俊俏，容颜含姣，欣叹那迷人笑。欲喜情饶，娇憨嬉闹，如得家珍宝。寒梅春窕，桂华秋窈，时事随缘皆妙。窃希冀、舒心逸乐，顺其自好。

■ 周正平

赠张雷平画家

壬辰端午前数日，冒雨往观张雷平心织笔耕水墨艺术展，归来成此七绝奉贺。

白鹭蒹葭意趣真，湖光掩映一犁春。
雨田层叠青山好，看取画家泼墨新。

■ 青　桐

溪山小憩

高山枯木润烟霞，石上清泉共影斜。
落纸寥寥三五笔，白云舒卷漫枝丫。

注：自国门之盾行动，打私疲惫不堪，夜难寐，临画始安，遂赋焉。

庐山写照

问道扶摇千里外，菩提依旧雾中寻。
黄昏欲识青山面，秀谷疑猜碧海深。
浪得冰川遒笔走，虚无崖壁苦眉吟。
忽然湖上闻花径，细雨纷飞彩蝶衿。

眼儿媚　戏填回文词

清风凉夜月初明，微醉客婷婷。轻舟坐钓，独听珠落，叶上蛙鸣。　　鸣蛙上叶落珠听，独钓坐舟轻。婷婷客醉，微明初月，夜凉风清。

■ 杨　云

春访山庄

绿满清幽茶果林，蜿蜒曲径木森森。
青山隐隐烟岚润，绿水潺潺竹影深。
春笋萌芽衣未换，梨桃亮相韵先临。
友人世代云中住，百鸟殷勤弄好音。

湖上泛舟

闲情逸兴泛轻舟，澄澈平湖自在游。
岸曲廊回亭阁远，桥横柳细锦霞悠。
鸥飞燕舞穿波去，莲笑鱼欢挽客留。
铺水残阳晖尽染，红波如酒醉归休。

踏莎行　寄春

燕语呢喃，鹃啼似诉，海棠初吐迷芳树。胭脂点点泛枝头，春风轻拂花无数。　　云挽山腰，雨迎日暮，案前孤对幽幽炷。花笺写就酷相思，欲传待寄知何处。

■ 汤　敏

浣溪沙　忆

素月清光独倚窗，沉思脉脉忆丝长。萦怀往事总牵肠。　　人约桃红羞李让，莺啼绿柳遍春芳，几多思念梦中藏。

生查子　琴语

日暮绣帘低，素手抚琴曲。雁柱十三弦。一倾春思语，　　长柳锁莺魂，芳草萋千里。尽诉与谁听，窗外潇潇雨。

粉蝶儿　昨日春桃

昨日春桃扑窗暖红豆蔻。踏青青、采花时候。问双双、觅粉蝶、舞衣香透？梦离离、回眸柳枝清秀。

而今霜叶经雨面若纱绉。每翻翻、雁书黄旧。去看看、塘月夜、残莲生藕。侧听听、何处凤凰琴奏？

鹊桥仙　凤仙花

花开七月，凤仙嬉蝶，偷了春风桃叶。惯娇碧果及笄时，惹不慎，蛮弹珠屑。　　暗分玉骨，采香数朵，休管露沾绣袜。未甘十指素纤纤，染它个，红英艳夺。

注：凤仙花，别名指甲花、小桃红、急性子、透骨草。花色多见玫红，花瓣揉碎后可染，叶呈披针形类桃叶，蒴果成熟后，易开裂，轻触即爆弹出珠状花籽。

浣溪沙　春分

从此眷情两半分，飘然一半祭梅魂，留存一半暖茵尘。　　去矣冻云成暮雨，今番红杏织晴雯。半边春色闹纷纷。

点绛唇　小暑

暑有嘉阴，何畏骄日如山虎。炙云吞吐，依旧凌霄树。　　隔页窗棂，凉意宜人处，犹自语，米仁新煮，绿豆加糖否？

青玉案　纪念杜甫

经书夜读灯无语。梦茅屋，秋风怒，倚杖呼天寒士伫。充闻皆是，妇啼何苦，怨懑谁听诉？　　千年锦绣浓华处，重谒青山草堂赋。掷向人间诗响否？一襟清泪，浣花湿露，满目湘江雨。

■ 张佐义

夜宿山海关外渔村

黄昏出关隘，寂寞宿渔村。
羁旅无人迹，异乡对酒罇。
涛声明月夜，沙色赶潮痕。
万里长城下，招魂问帝阍。

读萧氏宅第博客

少小即相知，相知肺腑深。
滔滔论国事，浩浩结琴心。
月下银河暗，城中白屋喑。
投缘自天性，岁月炼真金。

樱花白

春色三分嫩，随风着力熏。
揉成天上雪，竟是岭头云。
席地游人醉，流莺隔树闻。
婵娟何所见，缥缈忆湘君。

■ 何　矩

忽忆儿时守望杨梅事

看守杨梅都是儿童事，我们那一拨男孩都只有七、八岁，其中有二女孩比我们大五、六岁，其一胖另一俊，是孩子王，带着大家一起疯。

坡上杨梅熟，树丛藏望风。
当家双女孩，一地小男童。
检集田螺去，兼掏鸟窝空。
村前今日遇，相视白头翁。

红叶李

春风欲立小枝头，细叶未张花已羞。
斯人最是通人意，嫁与东君勿用愁。

登泰山

结伴游齐鲁，痴狂仰岱宗。
登山千级石，迎客五株松。
襟抱云天阔，逸怀川岳雄。
峰巅观万象，豪气斗牛冲！

梅雨

细雨霏霏笼榭楼，繁红凝滞失娇柔。
江南五月伞花漫，巷陌杨梅吆不休。

乡村夏日印象

繁荫蝉鸣热浪侵，锄禾入午汗浇淋。
池边濯足斜阳落，月下乘凉说古今。

朝登鹳雀楼

闲云雀影共悠悠，不尽黄河自在流。
煜煜灵辉赤橙紫，莘莘嘉客亚非欧。
氤氲山水怀中揽，磅礴苍穹眼底收。
旗展霞舒铺丽锦，高情雅士啸名楼。

■ 胡熊飞

樱花

遥似云霞映日温，粉妆雪靥蕴殊魂。
小区春动扶桑景，清赏何须去顾村。

莲花

纤尘不染溢清香，白秀红娇艳碧塘。
见说情深心转苦，换来消暑韵风长。

虞美人　梅川公园

梅亭歌戏花台舞，尽是娱情处。欲黄梅子雨蒙蒙，润艳凌霄飘落石榴红。　　都言布局谋思巧，可惜规模小。问梅相聚几多时，雪迓暗香次第瘦红迟。

注：梅亭公园以梅为主题，有梅百五十余种，花期自严冬直到初夏。

■ 周梁芳

鹧鸪天　神九功成有感

暂别天宫返九州，太空圆梦驾神舟。双刘大景齐协力，笑脸荣归鸿志酬。　　施国策，复兴谋。风狂未雨早绸缪。海疆亚太风云乱，定解中华百载羞。

抛球乐　游苏南天目湖

青嶂葱笼竹海迎，一湖翠玉透晶莹。岸边彩蝶窗前舞，　食府鱼肴四座倾。春日斜阳醉，醉享人间过客情。

夜行船　仙居杨梅节

四月东魁仙果节。看梅山、染红繁叶。树树灿烂，颗颗欲滴，引得众多花蝶。　春果仙居天下绝。味无穷、割鲜如血。嘴化醴泉，津生舌尖，入口更知吴越。

苏幕遮　闻俄外交家罗加乔夫仙逝感怀

喜中俄，边界画。两斗修和，功有罗高寿。眉寿之君仙骨镂。士贵知华，汉学缘朋友。　看当今，天下首。日日生非，目睹堂堂寇。反霸协同联义手。风雨乾坤，高举樽中酒。

■ 刘鲁宁

山寺(新韵)

西风拼雁字，群岭动秋声。
一段登云路，千年扫叶僧。

游春(新韵)

东君细打磨，千里尽烟波。
草色触云醒，山形接雨活。
燕低花旖旎，人过柳婆娑。
我亦贪婪客，春光不厌多。

龙华牡丹诗会因俗务所羁未赴短信寄诸友

白云常驻清凉地，春色宜妆粉嫩枝。
本是龙华看花日，奈何又欠牡丹诗。

咏杜甫

千载草堂何处寻？恸悲清角少知音。
狂夫有恨朝天笑，野老无辞蘸泪吟。
三月狼烟疏鬓发，一江秋水辨胸襟。
先生广厦已高筑，能庇人间亿万心。

■ 刘子非
（12 岁）

游春

小树池边绿，青山郭外垂。
晴空无限好，白鸟一双飞。

■ 金嗣水

遣怀

草根土长本无闻，借得春风可献芹。
圆缺冰轮天意远，往来鸿雁旧情殷。
白头老叟应知趣，别梦乡关已失群。
陋巷宜居也闲适，韵田半亩好耕耘。

浣溪沙　忆夏日乡村夜晚

打谷场边摆竹床，柳梢穿月晚风凉。爷爷摇扇说牛郎。　　蛙鼓声声天籁曲，萤飞点点芰荷香。谁家竹笛过短墙。

行香子　游虎丘

塔耸云天，涧响清泉。姑苏外、一片名园。香烟缭绕，松竹连绵。过千人石，冷香阁，静幽轩。　　剑池迷雾，白虎盘山。三千载、史事渊源。吴中形胜，江左饶川。且也宜月，也宜雨，也宜烟。

■ 陈　青

馈赠亲友十首（选六）

一

虽有闲心续宋唐，根基太浅恁轻狂。
山头掘井鱼攀树，比兴难和未入行。

二

风风雨雨舴艋舟，罗盘仄竖搁荒丘。
潮来莫叹涛声远，未济穷通说重头。

三

不眷金樽不恋牌，不张丝网不樵柴。
闲来吟得糊涂送，笑溢千门独卖乖。

四

紫陌红尘碧玉箫，迎风出调卷春潮。
甘霖绵密滋芳草，老汉悠闲渡石桥。

五

蜃楼幻演彩云颠，目射神移似欲仙。
识透玲珑机巧后，回头坐化一青莲。

六

醉舞龙泉戏暮山，琼枝玉树尽苍颜。
天台此去无多路，蹚过云桥即破关。

■ 方建平

纪念杜甫诞辰1300周年

破碎山河乱，浮沉日月怨。
忧邦悯黔首，怒笔斥朱门。
老病雄心定，孤凄傲骨尊。
华章颂千载，万众拜诗魂。

桃园漫步

雨润娇姿艳，痴迷野老魂。
时时追倩影，步步印香痕。
客迹疏疏没，莺声急急喧。
思量偷一剪，隐去绘桃源。

暮春雅集

宋园相聚会，闹市避喧哗。
奇石廊边列，夕阳窗外斜。
斟茶谈画史，沽酒话诗家。
满座知缘客，吟哦兴不赊。

扫墓

清明趋祭祀，大地发悲吟。
淡淡香烟罩，幽幽烛火阴。
凝眸思渺渺，俯首感深深。
饮恨云泥隔，潸然泪满襟。

采桑子　老友欢聚樱花节

重圆今岁樱花梦，践约相逢。最爱春浓，踏遍芳丛意未穷。　　赋诗持酒人犹健，且共从容。卜祝东风，你我明年笑语同。

■ 周洪伟

读《鹏鸟赋》作

淹速之期鹏鸟知，吉凶同域总相随。
德人无累不忧命，芥蒂细微何足疑。

端阳悼忠荣吟长

次和屈原犹眼前，吟魂已别泪阑干。
而今酬唱端阳节，还递诗笺给汝看。

长兴纪游

依傍青山连片楼，修篁滴翠客人稠。
清晨水库群游乐，薄暮林间独步悠。
鹞伴霞飞亲远霭，歌随坡转卧长流。
崖前撮影追行旅，石刻易安诗劲遒。

读《诸光逵书画集》感赋

宛翁师艺得真传，兼备貌神称洒然。
翰墨放怀吟竹石，丹青着意写山川。
风轻云淡邀晨燕，菊灼枫红惊暮蝉。
心笃情专持定一，擎来巨笔直如椽。

端午得句呈黄会长

龙年不利失三才，淫雨霏霏天地哀。
恶病恣情摧社友，无常索命降尘埃。
丹青有幸留人赏，词赋怀悲入夜来。
又到华兴相聚日，携笺含泪上诗台。

■ 何积石

三衡堂上

一

飘零梦里老夫狂，惯见离奇写故乡。
惭愧诗成容异境，纵横无限向苍苍。

二

得失人间待是非，宽心世俗总天机。
自尊胸次生明月，最是丹青道德归。

三

大千荣辱说前缘，离谱江山秀色先。
夺目荒唐多见笑，抒怀百态五千年。

画堂春　笔墨赋

细心勾勒写痴迷，形神变化惊奇。真能笔墨几多姿，点染淋漓。　　白发人家梦里，烟云着眼参差。特殊到此自芳菲，好景无疑。

临江仙

锦州城外，渤海湾边，海天一色，间有卵石满路，潮涨潮落，时隐时显，遥见三五里，直通笔架山，犹《西游记》之景象也。

烟雨朦胧情几许？寒风聊发精神。旅途惆怅事翻新。风吹红树舞，浪拍碧山亲。　　相顾珠玑天际路，潮平遥想奇珍。清音妙处可修身。消愁留梦里，调笑会迷津。

■李　铎

雨中过夔门

巫峡空蒙碧水流，白盐赤甲锁深秋。
两岸青山迎客意，蓝鲸载我下渝州。

㊟: 辛卯秋日，乘蓝鲸号游轮游长江三峡，巫峡遇雨。

改革开放三十四周年感怀

国运中兴百业昌，民生裕泰自呈祥。
无妨部分先殷富，更盼全民达小康。

■ 邵益山

谒上海巴金故居

天涯咫尺望，今立大师堂。
老树知文化，小楼识武康。
家春秋有梦，随想录无疆。
机上沙沙笔，续延寒夜光。

㊟: 巴金故居小花园有两株老树，临园由敞廊改建的阳光房内一台缝纫机，随想录后半部分即在这台缝纫机上完成的。

雨日

濛濛连日雨，点点扣门扉。
草湿生怜爱，泥污怨未晞。
阴晴随气象，冷暖入心帏。
世事皆如此，区区怎可祈？

雨中游盛泽得句

雨落江南第几村，游行小镇觅遗存。
群楼高矮皆如沪，难得鹧鸪勾梦痕。

秋瑾

西泠寂寂百年春，剑气森森自有痕。
小小香车漫湖畔，几人识得鉴湖魂？

正月初六细雨中与沪上及海外老友聚会湖心亭品茗后之酒家饮酒归来

思想何曾隔海乎？相逢总有茗香愉。
伞花漫漫漂过眼，天水绵绵续入壶。
叙旧忽生天姥意，开心难得杜康扶。
别离不必寻杨柳，寰宇村中几步途。

■ 胡树民

咏竹

酷暑之时青竹种，昂扬生气傲苍穹。
眼前添得潇湘景，无限诗情如梦中。

声援保钓行动

破浪乘风钓岛登，高扬旗帜发强声。
港胞无愧英雄汉，十亿神州万剑横。

台湾民风

待人以礼讲真诚，纯朴民风耀眼明。
凡事遵规成自觉，他山之石亮晶晶。

忆秦娥　纪念抗战全面爆发七十五周年

山河血，炮声震撼卢沟月。卢沟月，同仇歼敌，凯歌欢悦。　　中华大地腾飞跃，东邻依旧嚣声烈。全民警惕，枕戈强阙。

浣溪纱　咏荷

玉骨冰肌酷暑中，凌波仙子傲长空。青葱翠盖送清风。　　洗净污泥根似雪，霜摧残叶气如虹。来年依旧露峥嵘。

■ 季　镔

南乡子　饮茶乐四首（选二）

一

茶好乐，办公中，忙来啜口味香浓。开智涤烦寻妙诀，情殷切，事顺意谐颇欣悦。

二

茶自乐，夜阑前，书房静读性宽闲。繁思涤而诗兴赴，屏前处，淡淡茶汤催曲赋。

望海潮　江南古镇

西塘诸葛，南浔金泽，苍坡角直枫桥，同里锦溪，周庄木渎，江南古镇妖娆。深巷远尘嚣，祖传古居室，精美砖雕。水道蜿蜒，彩篷船过赛风谣。

家家锦阁香飘，水乡迎贵客，壮蟹肥鲦。丝竹弄晴，清歌泛夜，吴侬软语相邀。浅饮乐逍遥。旅业新发展，中外名高。四海宾朋聚此，乡土著功劳。

卜算子　伦敦奥运会叶诗文混合泳夺二金

真是好诗文，一赏寰球醉。赛级巅峰不畏谁，敢折蟾宫桂。　　“蝶”猛“仰”穷追，“蛙”劲颇丰沛，发力神奇竞“自由”，含笑犹童味。

■ 王弱男

壬辰杂感

青春浪掷黯神伤，远志犹存梦凤翔。
销尽壮怀闻舞起，还将衰朽学痴狂。

■ 王金山

游太湖西山

艳阳照耀金庭镇，寒露时光去太湖。
波浪潺湲摩埭岸，蒹葭茂盛长滩涂。
三桥飞架无垠水，一夕开通孤岛途。
飘渺峰旁迎远客，石公山下展鸿图。

虞美人　春游西山岛

盎然春意南风劲，十侣狂情迸。太湖西岛景崴蕤，遍野梅花似海泛涟漪。　　白云缥缈峰巅触，古洞观林屋。古村明月望门多，遥看石公山下百帆过。

鹧鸪天　暮春重游南北湖

桔树开花满地香，桃生嫩果柳丝长。申城六客轻舟泛，白鹭洲中欢笑飏。　　尝野果，味如糖。鹰窠顶上放眸望。湖光海景加山色，舞步徜徉老少狂。

浣溪沙　登雪窦山

鸟雀高飞蝉子鸣，山头云雾景濛溟。竹林古树满山坪。　　三隐幽潭成古迹，九龙奇瀑震天庭。亲朋欢聚会仙亭。

■ 彭国强

茶饮二首（选一）

人生苦乐慨其多，彼岸何寻任水涡。
九曲桥中弹九曲，青黄浓淡泛春波。

伦敦奥运会开幕式

英王微笑降台前，瓣瓣铜花汇炬悬。
忽见凌空飞碟过，人神共庆五环间。

采桑子　渴雨

城墙炽燥轻烟绕，久未清凉。叶萎枝黄，天地交辉赤白光。　　双眉汗淌周身腻，欲下长江。郁闷难当，渴望甘霖及早航。

减字木兰花　山寺

青山古寺，茂树盘桓檐展翅。金粉玉雕，击木声声香气飘。　　善男信女，跪拜纷纷频告语。岁月飞驰，入地升天安可知？

■ 吴　梦

卜算子　听曲

有上海老歌《西湖春》者，词曲双美，余甚爱之，观其歌词，直可入词，不免心动技痒。然遍翻词谱，仅得《卜算子》双调差可填之

细雨媚蜻蜓，岸柳娇如醉。一片春风挽小舟，界破西湖水。　　摇桨顾波心，漫惜琼瑶碎。忽觉鸳鸯欲语侬，逐影痴相对。

眼儿媚　暑中薄暮雨后游北海

一洗炎天璧云舒，日落月升初。幢幢塔影，亭亭绿盖，点点红蕖。　　恍然疑到江南路，垂柳隐双凫。销凝只为，眼前北海，心底西湖。

■ 程庆长

五十三生辰偶书

经年墨海戏成翁，枯柳欣逢沐暖风。
齐鲁忽传开个展，素妻卤面淡咸盅。

过孤山西冷印社

名社百年怡晚晴，依山胜水揽湖行。
只缘结伴春风面，老树年年唤美名。

观苏州东山春在楼

楼在东山久慕闻，姑苏探访向东垠。
照墙鸿福迎宾客，厅上凤凰萦岫云。
典史门窗雕镂筑，花翎檐角度弥殷。
沧桑时事多迁变，拂却尘埃现子君。

注："春在楼"，俗称雕花楼，被誉为"江南第一楼"，座落于苏州太湖之滨东山镇。"子君"，指原楼主金锡之、金植之兄弟。

■ 黄诗俊

逛七宝老街

策杖神怡向老街，宽衢窄巷自徘徊。
摩肩接踵人潮涌，吆喝绵连货贩喈。
小吃喷香标特色，珍玩精巧号名牌。
昔年赶集景重现，累在腰肢乐在怀。

游体育公园

初夏公园洒满辉，馨风阵阵沁心扉。
睡莲花下青鱼跃，绿柳梢头白鹭飞。
滑道戏童嘻嚷嚷，索桥过叟颤巍巍。
林阴泽畔清幽处，似入仙乡远是非。

■ 宋连庠

望海潮

重读《岁月有情•张瑞芳回忆录》并欣见瑞芳大姐名垂青史，昭如日月。

幽燕秉性，率真淳厚，壮哉英烈人家。砺志校园，连天烽火，心追大浪淘沙。歌《棠棣之花》，倾《屈原》之诉，艺品声嘉。名旦风流，同仇敌忾卫中华！　新时银幕萌芽。有《松花江上》，情曲弥佳。劲爽"双双"，峥嵘《聂耳》，神州少长争夸。韧毅斗凶煞，慈善凝甜果，夕照飞霞。青史名垂不朽，瑞草永芳华！

双锦瑟　咏赵丽宏《云中谁寄锦书来》

意恋锦心玉屑，情追雅趣诗魂。弘扬国粹吐丹忱，隽永清新谐韵。　　益以丹青添彩，更缘书法怡神。真诚谦逊水龙吟，乐赏百篇珍品！

㊟:“锦心玉屑”，语出南宋，魏庆之所著诗话集《诗人玉屑》。“水龙吟”，赵丽宏生于壬辰1952年，壬辰者，水龙也。

相见欢

一群毕业数十年，经历文革、今已含饴弄孙的学子，每年均热情邀迎当年的班主任与语文老师，欢聚一堂，倾诉衷肠，歌舞诵诗，互祝康寿，福乐融融。

师生情意拳拳，聚年年。果硕花繁厚厚忆黉天。
心相印，情谐韵，春满园。海晏河清夕照煜青山！

西江月　赏方敬东的《海上影踪》

“带病延年近古稀”的知名“孤老”、上海电影家协会会员方敬东，据其五十年关于中国电影的收藏资料，并配以言简意赅的文字纂辑而成之画册《海上影踪》近日问世。该书为长眠于上海滨海古园的欧阳予倩、阳翰笙、巴金、费穆、黄佐临、金山、郑君里、蒋君超、黄晨、赵丹、舒绣文、张伐、白杨、江雨声、新凤霞与冯笑笑等十六位文艺名家“画像”，图文珍实，雅俗共赏。

五十春秋沥胆，半生岁月披肝。丹忱祛病乐延年，光影流声再现！　　满卷金题玉躞，全书璧美珠妍。《影踪》文化沃名园，催得百花更嫣！

■ 陶寿谦

愿得和谐源寿考

花开岁岁胜华筵，麦绿梅黄别样鲜。
玉宇旗翔秋月白，炎黄党泽夕阳丹。
何须构筑鎏金府，有幸安居敬老园。
愿得和谐源寿考，从来福地隐真仙。

有感

燕台一去客心惊，顾盼相思雪树明。
北海东归尘外赏，南风土沃暮年耕。
繁霜岂耐春秋老，银发移从日月青。
后骑天强祈自健，何妨篱醉梦簪缨。

■ 鲍淡如

龙门古镇

墙垣随岁老，小草每年青。
游子追新世，客心思旧庭。
文台条粉异，国太豆香馨。
檐下停归燕，临溪理黛翎。

㊟:“文台粉条”，相传孙坚（字文台，孙权之父）打击海贼时，天大旱，众将士饥渴难耐。农户家贫，用地瓜，粉条混在一起煮熟之后供孙坚和部下食用。众人品尝之下，觉得异常鲜美。此时，忽然风起云涌，顷刻大雨倾盆，大旱天气顿减。自此，钱塘、富阳有食用粉条的习俗，以求风调雨顺。又，吴国太（孙权之母）一生节俭持家，教子有方，“国太豆腐”相传就是由她捡了几颗地上的毛豆而制作出来的。这道菜用陈年猪脚炖豆腐，文火煨，酥香醇厚鲜嫩可口。

野趣

雾侵碧水暗晴光，绿满塘陂野趣长。
漫抚黄花香一片，鬓边忽少几丝霜。

盛泽先蚕祠

神农螺祖发蚕桑，世上于今有被裳。
揖别蛮荒虫舍玉，丝丝不绝久余香。

竹笛

耐得风霜骨气盈，心无挂碍畅流声。
玲珑七窍千音幻，得意从来不自鸣。

■ 丁德明

听雨观莲

细雨浇尘闲读书，莲香有道认清渠。
通心藕节通根底，气润荷花水戏鱼。

归舟映晚

大雁横过落日钭，归舟映晚有渔家。
橘红蟹壮农家乐，东泊回来种菊花。

㊟: 东泊山崖上挖回来的野菊花竟然全种活了。

三山岛宿农家乐山庄

泽山厥岭两相迎，月泊烟湖水浪轻。
一夜打鼾声不断，双聪打鼓听天明。

㊟: 太湖三山岛，面对泽山厥山两座小岛。

山色

武夷山水一壶茶，怪石驼峰壶嘴钭。
落日倒骑峰背上，危岩披挂满红霞。

龙华寺赏牡丹花四首（选二）

一

蝶舞蜂飞四月天，粉葩金蕊佛堂边。
春风也似多情客，总在花前去又还。

二

三月东风暖带寒，牡丹摇曳羽衣单。
谁知一百余年过，能与诗人相对看。

■ 姚梅乐

南昌前湖即兴

烟霞澹澹涨春池，襟袖柔风信有之。
树影葱茏藏意蕴，波光潋滟惹神思。
凭窗远眺清明画，问路低吟谷雨诗。
宛自天开云境处，相期幸会悟新知。

唐诗之旅

雨雾钱塘江水长，唐诗之旅始开航。
尘封驿道传余韵，梦绕剡溪望石梁。
紫气佛光情缱绻，琼台仙谷意徜徉。
明泉秀野皆文化，最爱隋梅翰墨香。

新居补壁

闹中取静甫迁莺，简约称心喜梦醒。
路畔楼高云影白，窗前雨细草帘青。
聊借淡意盈书室，顿许闲情补客厅。
俯仰人生无俗韵，诗肩托起满天星。

滕王阁感怀（新韵）

久慕重霄着意新，层台耸翠又登临。
雄州雾列恢弘著，俊采星弛气宇吞。
白鹭红霞留胜迹，蓝天碧水会知音。
难得到此游兴在，熟读名篇有几人？

腾冲火山国家地质公园（新韵）

雨雾缠绵访翠微，初来马站意相随。
寻踪胜迹欢愉起，探秘火山逸兴飞。
遥望峰巅生鼎沸，近听坑底孕惊雷。
人生弹指匆匆过，追忆何愁唤不回？

■ 孙　玮

雪夜登严子陵钓台怀古

浮槎七里濑，暮上客星亭。
万籁人初定，千山雪欲暝。
高风成旧迹，逸气转漂萍。
击竹歌犹在，何妨洗耳听。

壬辰端阳口占

芙蓉坠露为谁裳，梅子初黄雨满塘。
泽畔幽兰无觅处，灵均梦里几潇湘？

■ 杨毓娟

海边

海边云涌日西斜，似蚁游人踏细沙。
远见飞禽风逐浪，水天一色映红霞。

湖上吟

今年景色去年同，十里湖烟翠霭中。
点点新荷浮水碧，徐徐落日映波红。
流云纵有千般意，坠雨犹需一笛风。
月上枝头翻旧影，春光还自仰苍穹。

相见欢

长条尽惹行人，近黄昏。忽有微凉梅雨落纷纷。
笛声老，翠禽小，恋芳晨。只待东风吹起再逢春。

■ 刘　水

琴心

湖山翠霭送秋晖，桂雨霜红簌簌飞。
月上东溪摇碎影，清商催得几人归？

粤笛

清歌对酒又逢春，离袂漂零唤阿真。
玉笛声声红泪尽，木棉凋落未归人。

■ 谷　雨

摊破浣溪沙

野径藤缠草底芽，幽篁松展雾间纱。寻遍馀晖与谁共？对山花。　乌榄仁香添细碳，白炉泥润煮新茶。闲坐小窗千万绪，话桑麻。

■ 王　惠

忆江南　新华路

梧桐早，长路共天晴。碧叶田田筛碎影，榴花灼灼绕闲庭，蝉闹又声声。

忆秦娥　寄友人

凭谁寄，长天月影梨花醉。梨花醉，空庭如洗，露垂枝坠。　晓来雨漫湖烟翠，清风细拣娟娟字。娟娟字，江南雁去，一时仍记。

行香子　感时

帘脚收低，暮色因迟。惊红树、叶洒如飞。青云渐薄，野雀衔晖。正藤花紫，樟花碎，枇杷肥。　　满庭芳芷，半壁清辉。而今算、事事相催。去年窗下，落樱霏霏。更几程风，几程雨，几程归。

■ 蔡魏佳

夜游宫　过赛里木湖成吉思汗点将台

点将声传嶂外，霹雳剑，穿云风起。日照金鳞万千骑。鼓声催,破长空,摇大地。　　净海连天际,梦归处,暮云万里。怅望高台映镜水。觅遗踪，遍青山，残石记。

■ 魏　里

如梦令

窗倚北街枝翠，楼枕小桥流水。细雨伴清风，竹管素笺初蕊。沉醉、沉醉，梁上燕儿犹睡。

渔歌子

一棹春风一叶舟，晴山滴翠百花洲。鱼满篓，酒盈瓯，万顷波中得自由。

■ 钱建新

壬辰惊蛰随笔

开年淫雨频，寒苦不知春。
排遣无聊事，翻书每日勤。

春分时节再遭寒潮阻春步

时令已春分，冬装仍在身。
阴寒连雨日，阡陌洗清尘。

雷声获中国男子花剑首枚奥运金牌

刀光剑影气腾腾，汗透衣衫斗志增。
北大学生才子相，男花坛上响雷声。

羽坛情侣齐力夺冠

羽坛佳侣展雄姿，默契攻防场上时。
问鼎混双心有睿，艰辛折桂慰无私。

■ 方颐家

与友聚九亭

秀月清明会九亭，松榛李子伴茶馨。
虽无快事擎杯叙，但有宏猷伏几听。
语笑鸿儒天下计，搜罗瀚海水中星。
平生逸志随风去，且把文章付茗庭。

暗香　春恨

落红飘絮，似几分怨恼，东风无主。蝶恨蜂愁，香艳娇容不常驻。燕子飞回老屋，春色晓，踟蹰归路。叹故苑，岁岁年年，尽是断肠树。　无语，怎能诉？

但旧梦重温，醉歌狂舞，烛光夜雾，当是伤心泪流处。好景匆匆太促，多少雨中花难护。去不觉，来恨晚，一般离苦。

更漏子　本意

雨泠泠，花淡淡，风动旧时荷萏。青鸟绝，梦难成，掩扉已四更。　鸳鸯息，漏声滴，寂寞空阶苔碧。枇杷影，又凄凉，灯寒照夜长。

荷叶杯　过静安公园

月上华楼清绝，蝴蝶，舞花风。女儿心事向谁诉？依树，盼重逢。

临江仙　大风雨过括苍山

风雨交加车辇慢，谷深道滑艰难。溪泉水涌汇江渊，山湾陡处，断竹数横拦。　　可叹人生无坦路，浑疑似雾如烟。远观岚岫更茫然，梦魂漂泊，伴着括苍眠。

■汪　政

携女友游园

一

寻香觅幽迳，携手步花阡。
剥荔正言笑，闻歌反欲眠。
蝶翻轻雨细，人醉小池涟。
何不天涯去，当春未老前。

二

餐用荔枝筵，人在渌水渊。
更装清雨后，罢舞彩蝶前。
万木已皆绿，孤花何必怜。
若得美人赏，应胜萎泥边。

与女伴重游母校

莺衰燕老百花阑，离校十年万事叹。
江入苍溟天地在，身归故序水云残。
书生一梦黄粱冷，神女三经碧海干。
为有佳人不解意，强搁清泪勉装欢。

秋夜与女友携酒游姑苏枫桥

懿孙落第传佳构，我辈因成古刹行。
劣酒何能爽人口，美人却可动予情。
一泓秋水枫桥梦，四际清风淡月盟。
但望余生伴卿老，他时再醉故都城。

梦回复旦荷塘

夜梦重回复旦园，荷塘夜色似从前。
琼苞待绽人将醉，碧叶欲倾蛙不眠。
阵阵好风掀柳浪，依依佳偶眺云天。
我诚燕雀无鸿志，比翼流连菡萏妍。

■ 江三宝

溪边品茶

浅秋夜碧竹萧烟，流水潺潺音半弦。
月下步移吟一曲，花间独品自休闲。

无题

缕缕相思清露烟，春风轻拂百花妍。
古来圆月不长久，隐后珠莹化泪干。

花月吟珠连体

月照荷塘花醒来，江潭花影月徘徊。
圆圆月朗花娇艳，淡淡花香月醉怀。
举酒花楼观月落，吟诗月殿看花开。
月移皓色映花榭，明日花凋月可衰。

朝中措　清明感怀

凝香桃李映沙洲，浓淡醉春秋。墓柳寄风曲曲，雨丝化雾悠悠。　　踏青时节，亲人祭奠，依旧坟楼。犹欲烟花别意，不堪尘世离愁。

■ 张聪芬

无题

词人爱读念奴娇，袖短手长心内焦。
待到春深枝叶茂，花开不负圣霖浇。

游学沉香阁

沉香佛阁坐观音，屈足逍遥自在心。
一朵慈云成细雨，九州万物沐甘霖。
婆娑世界几遭难，浩荡乾坤再塑金。
悟道参禅增智慧，吃茶且去众生歆。

■ 张夔璋

校友会老同学相聚几许凋零不胜唏嘘

同桌无讯千愁系，云树生情百虑牵。
粗问行藏知大概，谛观颜色认从前。
谈深席上泪汹涌，坐久窗边语细湲。
初念惊心校友录，一呼学号竟成仙。

步胡中行教授《赠友》韵

苦思难忘久回肠，与子相携梦未央。
重现翩翩斜照影，曾经落落少年郎。
笛声三弄送云汉，梅影一枝遗锦裳。
离绪幽情弦上曲，共从海底跨枯桑。

■ 夏春镗

步胡中行教授韵

悬壶济世学无涯，世事纷纷乱似麻。
地位金钱胡蔓草，专权贪欲死亡花[①]。
杏林董奉怀鸿志，医圣元化舍己家[②]。
莲出淤泥尘不染，大千世界任喧哗。

注：① “胡蔓草”，断肠草也，《本草纲目》云：“钩吻，广人谓之胡蔓草，亦曰断肠草……”。“死亡花”，属石蒜科，又称彼岸花或金灯或赤箭，美丽，食之会死。

② 董奉，与华佗，张仲景合称东汉三医圣，相传看病不收钱，重病痊愈者须在其屋后栽杏树5棵，后竟达十万株之多，乃“杏林”之出处也。华佗，字元化。

忆江南

余有幸结识冒辟疆之后冒云林，并随之游水绘园，感慨良多也。

何处好，江北数如皋。水绘园中闻雅乐，青莲泼墨伴知交。寒月亦相邀。

注：董白（1624-1651年），字小宛，一字青莲，明末秦淮八艳之一，名与字均因仰慕李白而起。

■ 荣逸凤

秋词

秋宵夜色渐凝重，木叶不堪风急随。
梦里花香终是错，侬今悲戚叹为谁？

冬竹，忆八年前安吉之游

竹径萧条人少来，云山缥缈景伤怀。
霜封宿草晶晶亮，月照寒枫点点开。
繁叶本非春季长，嫩茎亦落雪中皑。
俗喧浣女眼前现，影只形单独自徊。

恋

豆蔻年华相识初，迷茫舞夕喜眉舒。
天南地北两飞客，暑去寒来二十余。
今世重逢应有幸，此情可待不空虚。
闲观窗外花红景，醉看楼间灯火疏。

再忆绍兴沈园游

寂然庭院柳成行，满目悲凉透泪光。
细雨空蒙花落寞，鲛绡微湿步彷徨。
家慈游兴意浓重，婉女离愁别恨长。
曲径深幽青石路，彼时风月薄情伤。

■ 李正湘

赞杭州湾跨海大桥

举世称雄桥跨海，神工鬼斧制狂流。
长虹架起降天堑，两岸相连广运筹。
泽国波澜夸壮阔，人间智慧展新猷。
观光乍见千家乐，建设端为万众谋。

游东方明珠

明珠熠熠曜晴空，矗立东方四顾通。
鸟瞰申江飞蚱蜢，管窥车道冒蜈蚣。
高楼积木排排竖，绿地盆栽隐隐踪。
笑我观光迟到位，盖缘身在沪城中。

■ 蒋　铃

早春赏盆梅

轻红淡绿幽香动，嫩蕊冲寒斗雪开。
今日方知盆内好，村边水浒岂成材。

召稼楼赞

小桥流水傍人家，多少荒村日已斜。
是处繁荣今胜昔，召楼明月放光华。

仰望诗圣

——纪念杜甫诞辰一千三百周年

诗中圣哲耀千秋，岁月如痕纸上留。
茅舍曾为风卷破，朱门何用酒浇愁。
明君济世云擎日，污吏贪权水覆舟。
满目疮痍成过去，春光万里照神州。

■ 刘　欢

咏柳絮

褪尽春寒自满株，东风缱绻醉屠苏。
须臾煊赫纷如雪，一入光阴觅也无。

云间怀古

同流不为琴心短，俯首只关房贷长。
欲遣心思迟弄曲，芳心辜负觅周郎。

无题

凉风一夜动寒天，几处秋声乱我眠。
造化人心轻似纸，因缘世道重如铅。
青云只送逍遥履，冷雨偏沾落魄肩。
草蚁何通天上事，不妨笑做笔中仙。

■ 曹　森

归真

商海沉浮话苦甜，书生奋力胜驮纤。
今朝权作囊虫拱，涉水登山总不嫌。

壬辰游江南古镇锦溪

六月江南烟雨中，锦溪一片淀湖风。
廊桥古镇游人少，食桌临河诗意丰。
美酒连环寻旧梦，春荣换盏唱新功。
陈妃恋此神仙地，绿水红尘作帝宫。

■ 周珠英

咏荷

茎茎擎彩袖，影影舞轻风。
碧水青烟袅，凌波映翠红。
秋霜催叶老，暮蕊溢芳融。
玉立清莲苦，残枝恋故蓬。

端日游召稼楼

斜风喜雨消梅热，诗社师生到召楼。
凌道牌坊轩紫柱，绮窗雕影墨青湫。
民居昔日荷香溢，街户而今酒馥悠。
召稼召贤双竖品，合流江浦泛宗舟。

采桑子　忆外祖母

儿孙失去来时雨，独自思量。独自思量，悲自中来，忙碌亦难忘。　　伤心枕上音容影，点滴牵肠。点滴牵肠，一片心香，遥寄永相望。

清平乐　蜗居

当年倚祖，历尽甜酸苦。今日阴阳睽隔处，惆怅此情难诉！　　苍颜鹤发前留，织绘儿网绘浮。眼下雀巢依旧，光阴随浪随流。

■ 魏仁国

春汛

更阑灯未尽，野舍兴犹长。
风送吴侬语，声声话圃秧。

劳作

惊雷苏万物，莫负好春光。
垄地培蒿叶，支棚引豆秧。
瓜藤疏有致，蕹梗密无章。
蝶恋田家乐，穿梭伴我忙。

题墨梅图

挥毫着意写横陈，笔底梅花不染尘。
饶是岁寒清瘦甚，偏思万户报新春。

访阿里山茶庄

沁鼻幽香不待寻，回眸峦锁白云深。
窗前绿树轻烟裹，壶内清泉新焙淋。
纤手翻飞杯碟转，青瓴频点玉龙吟。
谈诗品茗堪佳处，雾罩山松晴似阴。

■ 马经纶

中华魂

中华魂显至尊豪，千古高扬正气飙。
危难坚刚燃烈火，平和笃挚布春潮。
仁心注暖冰山化，义胆融情河汉滔。
执意国民长本利，耻廉礼智信高标。

汉语金桥

汉语金桥通四海，五洲宾客常往来。
故国贫弱遭蹂躏，当代雄强令感怀。
核弹健儿豪气涨，太空峰会我席开。
金融海啸谁坚挺，孔院竞培长治材。

水龙吟　三峡大坝

三峡大坝奇功，雄豪壮伟惊天梦。玉皇颔首，龙王拜谒，神女歌咏。几代何朝，洪魔肆虐，世殇万众。鉴往更惜今，平湖亮镜，灯火沿江瞬送。　　喜看千村万弄，垂髫鹤发欢声动。江流浩浩，听从调派，毋伤田垄。货运游轮，五级闸道，降升调控。望三峡峻秀，怡神悦目，纵情歌颂。

■ 孟宪纾

澉湖游

初访

西子赊来水半湖，湘灵更乞竹千株。
罗敷待字深山里，素面蓬头一小姑。

鸟瞰

碧水平湖似酒浓，鲍堤隐隐色空濛。
黄公一截富春景，挂在澉城烟雨中。

㊟: 澉湖又名南北湖，在浙江海盐境内。

南浔小莲庄游

古树

参天古木历沧桑，老干虬枝意气昂。
造化无私仁者寿，低眉喜看出新篁。

铁盖亭听雨

一池新碧映晴窗，小立回栏满袖香。
留得金亭听夜雨，方知此处是仙乡。

注：小莲庄主刘镛之女公子，犹觉荷面夜雨不尽兴，乃建一铁盖听雨亭，堪称一绝。

■ 钱　衡

望江南　咏牡丹

春竞艳，云锦丽裳华。百态千娇情万种，雍容富贵灿若霞。风里立斜阳。　群蝶舞，国色透窗纱。每念此君开烂漫，天香伴我走天涯。梦里满枝桠。

采桑子　咏荷花

亭亭风露涟漪细，荷叶田田。谁采香莲？窈窕红妆轻划船。　星光月色池塘满，幽梦如烟。辗转难眠，沉醉遥看月夜天。

满庭芳　咏茉莉

玉骨冰肌，清莹淡雅，犹怜楚楚娇娘。下凡仙子，自可傲群芳。无限温柔青涩，云溪上，碧叶扶香。江南岸，夜来幽梦，绕枕伴鸳鸯。　神伤。疏雨过，飘然古韵，一曲悠扬。待回首邀君，水远天长。不忍梧桐落叶，声声笛，多少思量！摇醒梦，柔肠寸寸，初夏到秋凉。

霜林集叶

周退密诗词选

题周慧珺书《心经》长卷

十分功力与聪明，艺事从无浪得名。
一卷心经无上宝，佛光普照墨华凝。

邵德法索题蔡乐叔《富春山水》卷

读画焚香作卧游，平生此乐最绸缪。
置身如在烟波里，水色山光一望收。

答客问

临池觅句事欢娱，疲不能兴昔所无。
老境颓唐君莫笑，恍如曳尾在泥涂。

漫兴

愁云惨淡去何依，风撼高林叶乱飞。
莫笑老夫无所事，坐沙发椅呷咖啡。

桐叶一张飘然入室取插古瓷中口占以志胜缘

桐叶纷纷乱入窗，怜它多日饱经霜。
拾来插向瓷壶口，相比衰颜更老苍。

先君诞辰

今日煦和如小春，孤儿海角祝生辰。
全家都在天堂上，遍唤诸郎少一人。

注：先君絜非公生于清光绪四年戊寅（1879）农历十二月十九日（与苏东坡同生日），今日为其一百三十三岁诞辰在家吃面。

凝视

濛濛细雨湿黄昏，往事如流共泪痕。
大树飘零遭蚁蚀，小儒佔毕感师恩。
书经横扫留非易，梦及初醒觅尚温。
只恨相逢都不语，一番凝视一消魂。

何之

行年九八欲何之，车水马龙晨夕驰。
大有梅花供目赏，欲观油画了心期。
谁知脚乏前时力，只望餐尝四月鲥。
自是一生耽淡定，紫云英足慰朝饥。

漫兴

老去犹多趺坐功，凭窗起立望遥空。
重阳节近常忧雨，丛桂香来每借风。
百岁长随流共去，一书倘与劫俱穷。
南鸿北雁问消息，喜有粉丝盈域中。

㊟: 拙集迟迟未见发行，友好询问不绝，感与惭并。

辛卯九日

惊心九十八重阳，佳节真当一举觞。
病体惟宜饮红酒，遗风早不佩萸囊。
原非官料陶彭泽，徒以诗豪郑海藏。
世事迥殊观赏异，傲霜遇见一枝黄。

㊟: 渊明不肯为五斗米折腰督邮，是生而非为官之料也。其高清逸想乃千古之名士，如世外桃源不可得而再见也。郑海藏出仕伪满而致身败名裂，徒以能诗而世恕其人。不以人废诗，亦云幸矣。

九八告存二首

一

老去羞为世所知，谁知左右尽吾师。
鸦涂满纸须藏拙，雁过留声未戒诗。
一卷黄庭矜独赏，再生白傅与时宜。
此身已历恒沙劫，成佛升天两不疑。

二

雁飞久亦不成行，先后归依父母旁。
痛感荆花无剩朵，独留芒角对沧江。
闺中伉俪相濡沫，海外儿孙互颉颃。
待到明年看兔跃，计程莫负好风光。

注：予同胞三兄二姊一妹共七人，次姊昌芳不幸于去年十二月二十五日上午九时在甬弃养，享年一百岁零三个月，为吾家三党中从未有过之第一寿婆。

浣溪沙

又到莺飞草长天，落英委地晚风前。莓苔乱贴旧花钿。　　小阁梦回春苦短，长条舞罢柳如烟。去年心事似今年。

浣溪沙　晨兴口占

梦里如闻雨又风，起看天色尚朦胧。开窗惊散白头翁。　　鸟语绵蛮俱可乐，人言琐屑强装聋。驭繁以简默持躬。

鹧鸪天　自嘲

爱煞荒园绿四垂，东风吹柳柳丝丝，有家堪比陶彭泽，伤别长如杜牧之。　　耽独坐，欲成痴，清真白石不同时。但教自写胸中意，不辨唐诗与宋词。

朱振和诗词选

自题小照之二

学成文理哲，胸自有丘寰。
莫效灵均问，天人共往还。

新安江水电站大坝下夏晨纳凉忆来时沪上大热

凉雾随波起，清风逐水流。
不知东去电，可送浙江秋？

偶成

收了伞篷见了天，白云苍鸟看翩翩。
当年和尚空贻笑，佛法何曾藐大千。

窗台腊梅

黄花翠萼紫桠杈，点缀吟窗感物华。
擢兴茶浮三盏绿，画瓢人对一枝斜。
冰缸霁月添新韵，雪径残阳忆旧家。
莫道故乡烟水远，移来别圃近天涯。

㊟：腊梅为故乡常熟市花。

北京大学百年校庆

杏坛胜事足千秋，此日缤纷满目收。
华诞百年开盛典，书车万里报朋俦。
功推德赛无双誉，望重黉宫第一流。
作育英才分胜昔，祥麟威凤国同休。

《湖北日报》以解放军背负遇难儿童泅渡为题，摄影报道“洪水中一个天真的微笑”

童颜绽笑本天真，况是身攀浪里人。
烂漫谁知洪水恶，劬劳会见赤情深。
千军都为蚊涛战，一笑真传鱼水亲。
子弟兵威扬禹域，受恩岂独小宁馨。

注:《辞海》“宁馨”条称，“宁馨”为晋宋时俗之语，喻今称“这样的孩子”。

读盲诗人李忠利诗词

不道灵眸辨景难，却窥世事总斓斑。
五车广学摅今古，八表神游写岳川。
海上晴光方冉冉，月边诗梦正姗姗。
一壶旨酒浇心宇，长夜清吟兴未阑。

注:李忠利《月底修箫谱•心宇宙》词有“花间一壶酒……浇注长夜，是一个多情星斗”

观系列动画片《猫和老鼠》

猫鼠同行已足奇，更奇鼠黠不猫欺。
荧屏苟去猫三脚，胶卷何来鼠百题。
为博儿童添一粲，料无碍语触天机。
剧编幸未逢文革，免却人头作犬低。

注:人或动物技之笨拙者，沪俗呼为“三脚猫”。

感事

一涉权坪格便低，千刁百诈想赢棋。
昔为朋辈今为敌，你走东边我走西。
欲取吾心供解剖，先将尊脑试CT。
汹汹此疾由来久，扁鹊重生未可医。

浣溪沙　夜读

侯馆溪桥秉烛游，凤楼十二接高秋。旧时月色照诗囚。　　似唧似哝声渐远，非花非雾韵空留，柔情如诉洞箫幽。

风入松　观小孙女弯弯吹肥皂泡

小妞事事爱争妍，游戏也翻鲜。吹成皂泡新花样，点缀了、锦绣空间。映日姿容万种，临风舞态三千。　　呼朋仰面看蹁跹，雀跃喜无边。晶莹膜上初阳影，折射出、七彩童年。串串银铃笑语，飞扬直上蓝天。

临江仙　信息高速公路

眼底六洲风物，屏边四序玄黄。迢迢网上好韶光。三生容有约，五世卜其昌。　　莫恋壶中盈昃，应知洞外沧桑。何妨一改旧行藏。逍遥英特路，风月漫评量。

沁园春　建国五十年

日丽中天，春满人间，万象昭昭。看城乡绵亘，琼楼玉树，山川秀发，铁路金桥。水国樯帆，莽原井架，攀向晴空节节高。凭谁问，舍人民智慧，能赋庄骚？　　也曾误逐狂潮，竞浊雾疑烟蔽一朝。幸三中有策，坦道初通，英贤立论，航向重标。北海腾蛟，南疆起凤，乐舞钧天奏大韶。抬望眼，喜前浪滚滚，四化新潮。

满江红　西域情

极目关河，西北望、飞沙蔽日。丝绸路，唐辕汉辙，几多陈迹。残梦依稀骊靬县，西风何处楼兰国？但驼铃千载诉离情，销魂魄！　　骠骑逝，烽烟熄，汽笛响，车轮疾。看九州巨匠，海涯商客。整水修山饶绮趣，吞黄吐绿施椽笔。要西天重展彩云旗。令超昔！

㊟：据史载，公元前二十年，曾有一支约六千人的罗马军队，因战败而落入我国西部，受当时西汉王朝的收容，置为骊靬县（在今甘肃永昌县境）至今遗迹尚存而史实已经模糊。

眼儿媚　春雨偶拾

深巷传来卖花声。时节近清明。相思只在、杏帘影里，烟雨江城。　　缠绵谁似兹中好，絮语莫须听。天堂伞底，许仙白氏，正诉衷情。

水调歌头　夜长江

癸酉初秋，余从安徽乘长江轮夜间经池州、江阴一线返沪。此江面即1949年人民解放军渡江南下处也。爰填小调，释舟中情怀。

子夜觉清梦，起坐览江天。风高月晦人静，水阔浪无边。不见鸢飞鱼跃，却有遥舟星火，闪闪戏波涟。大泽苍茫意，尽在水云间。　　挥义师，求解放，忆当年。长江千里横渡，万橹强争先。敢冒枪林弹雨，直闯汪洋天堑，壮志勇投鞭。南下英雄谱，璀璨耀坤乾。

红豆歌

情之为物何奢侈，直教世人许生死。
昔有嫠妇哭边庭，贞魂曾化相思子。
相思子结最入诗，古今颠倒几情痴。
一自右丞赋五绝，代代争唱红豆词。
君不闻，越江泪别黯销魂，去国投荒十二春。
洞庭烟水桂岭雨，只余残梦到荆门。
又不闻，瞬息浮生薄命亡，绸缪未许细思量。
翻惊摇落诗难续，声声檐雨谱回肠。
君不闻，边秋露从今夜白，月明闻笛江上客。
笛里分明说鬓华，家山万里归无策。
又不闻，故宫黍离对夕晖，山河城廓是耶非？
杨花满地和春老，万古春归梦不归。
吁嗟乎！自来相思儿女心最苦，徊徨心曲谁为剖。
安得红豆慰相思，望中都种红豆树。
我观红豆生南国，他乡水土难成活。
何如移胎蔬豆身，为汝提取基因质。
木本草本喜联姻，盛世春秋物华新。
亘古农业添奇迹，江山遍沾雨露恩。
美矣哉！从此烂漫豆花遍田野，金风结子怡人心。
岁岁克隆千万斛，尽酬天下南来北往有情人。

㊟：红豆与大豆等蔬豆都属双子叶植物纲之豆科植物，前者是木本，后者是一年生草本。把木本植物的基因输入草本植物，可望生成新的红豆品种。

上海诗词

风云酬唱

偶成书感

■ 陈思和

偶成

劳生了却公家事，闲坐窗前数落花。
初喜小园深绿意，且惊黑水映金霞。
十年罔识林蝉曲，一觉梦归槐蚁家。
但愿此心随宇宙，形骸留得伴清茶。

■ 褚水敖

次韵思和《偶成》诗

南山之景萦胸臆，也傍东篱采菊花。
前浪静时催后浪，晚霞淡处念朝霞。
心安自可明新我，身退依然立大家。
佳境从今开四面，清闲度日最宜茶。

■ 胡中行

次韵思和《偶成》一律

卅年一觉邯郸梦，细雨斜风听落花。
箧底珍藏锈刁斗，天边闲看紫流霞。
痴心不改诗词律，俗念终皈佛道家。
待到鱼焦添水去，深宵促膝醉新茶。

■ 陈鹏举

酬思和

虫沙猿鹤凭元化，九畹贞风二月花。
疏听琴心如裂帛，空将剑胆枕流霞。
山山寒色槐中国，树树秋声陌上家。
最是渔樵无尽日，碧泉白石煮清茶。

■ 喻石生

次酬思和兄《偶成》元玉

满壁诗书供饱腹，半生文苑植名花。
培新苗圃施霖雨，依旧襟怀醉晓霞。
史哲兼通轻俗骨，风神独具重儒家。
宽松公务仍研墨，重拨心弦漫品茶。

■ 姚国仪

奉和思和兄《偶成》，次韵

物象无穷人易老，百年身世似飞花。
忘机鸥鸟嬉沧海，得道仙翁栖紫霞。
灯火江湾非古镇，风云学府有名家。
君开荒径探诗律，向晚桑榆共品茶。

林檎和韵

■ 陈鹏举

呈吴忱先生

一发黄蜂尾上针，毕生心力赋林檎。
饮茶未减将军肚，酗酒略知司马心。
霜刃十年思贾岛，清音几度感吴忱。
向来烟水放舟去，又见前尘眉底簪。

■ 吴　忱

和鹏举

麦芒那得对尖针，把剑挑灯落紫檎。
一线寒光真彻骨，十分柔意亦穿心。
玉溪锦瑟佳人举，工部麻鞋天子忱。
起舞徘徊共清影，萧萧短发不胜簪。

■ 胡中行

和鹏举兼呈吴忱国仪诸兄

有情无间不容针，苦涩酸甜啖黑檎。
杯酒回肠图远志，碗茶沁肺涤凡心。
五张皮雪虢虞耻，三顾庐为天地忱。
难得浮生遇知己，白头相对插金簪。

■ 姚国仪

赠忱公，次鹏举诗韵

欲求诗艺杵磨针，篇什溢香尝果檎。
所学平生继唐韵，更传后世识琴心。
寒潭消得千愁结，素纸湮成一寸忱。
抖落闲身尘与土，柔毫白发不思簪。

馨韵唱酬

■ 黄思维

辛卯秋怀周退老，兼示培均、葆祥两先生

雨过丛桂气尤馨，绕砌蛩鸣且自听。
朋友二三同切切，月华十五正亭亭。
学诗不觉年将老，忘岁相交眼总青。
炳烛依然仰前辈，笔耕墨稼未曾停。

㊟:《论语•子路》，“朋友切切偲偲，兄弟怡怡。”

■ 周退密

思维兄见怀之作，次元韵

桂有香兮菊有馨，好诗吟就几人听。
闲来觅句寻三径，老去安身喜一亭。
饮水饭蔬心自淡，知人论世眼犹青。
露寒霜降年光晚，蟋蟀在堂啼复停。

■ 徐培均

和风翔轩与石窗馨韵唱和录

小园兰桂溢芬馨，莺燕嘤鸣爱细听。
踏上石桥风满袖，绕过芳径月盈亭。
沉潜诗境心如醉，摆脱尘嚣竹更青。
惠我清闲徐汇苑，弦歌一曲彩云停。

㊟: 诗中所写皆为徐汇苑实景。

雏凤清声

端午十一章

■ 常　闻

熏菖系彩舞龙舟，五月吴天碧水流。
遥忆忠魂旧时恨，离骚一曲古今愁。

■ 耀　闻

端阳佳节临中夏，角粽清香夹岸传。
画鼓如雷江面过，一龙刹那已争先。

■ 华　琳

芦叶青青包米粽，菖蒲艾草挂门旁。
香囊鼓腹红丝系，避恶驱瘟祈吉祥。

■ 宏　悟

艾叶飘香角粽尝，群童奔逐画王忙。
祈祥纳福度佳节，五五端阳思故乡。

■ 穷　宇

龙舟竞逐鼓声催，白粽飘香举酒杯。
五色帛丝求百福，家家悬艾避邪灾。

■ 妙　慈

端五寻源看青史，临江酾酒忆曹娥。
菖蒲黍粽寓深意，万古长留浩气歌。

■ 行　愿

清晨踏露湿裙衫，野径寻香趣不凡。
点点乡思呈往事，梦中犹听鹊呢喃。

■ 演　印

年年五月过端阳，户户家中角黍香。
江上群龙争次第，村童沐浴换新装。

■ 是　乞

儿时日日盼端午，争戴花绳满袖香。
美酒嘉肴宜共享，小村邻里古风扬。

■ 悟　普

九子粽香多色彩，端阳佩艾浴芳兰。
避灾续命缠朱索，早杏初尝犹觉酸。

■ 海　祀

飞起湖间千点雪，鼓声棹影两龙争。
而今看尽浮生事，应笑本来无所赢。

云间遗音

王尚德诗词选

沁园春　纪念上海解放四十五周年

歇浦风光，电塔入云，大厦凌霄。喜双桥高峙，意气昂扬，商轮巨舶，激浪冲潮。公路盘旋，铁龙缭绕，更驾飞艖远客邀。听仙乐，对寰球广播，旋律风飘。　　城市如此妖娆，忆先烈曾将热血浇。念流光四五，沧桑几变，十年改革，成就堪骄。科技攀尖，声名卓著，赶美超英共企翘。人千万，盼一流争取，奋发今朝！

迎香港归来

港岛殷霓望，流光百数年。
南天红日艳，北国彩霞妍。
历史翻新页，舆图续旧编。
明珠还合浦，相告共欢然。

澳门回归

莲岛海天阔，沉沦四百年。
香风长习习，绿叶永田田。
二制威声振，三桥壮气连。
回归当此日，相告共欢然。

游佘山两景点

十月九峰春气扬，佘山寻胜好时光。
上天饱览星空秘，入地尽观海底藏。
车下飞轮随转辗，洞中奇景任徜徉。
归途历数曾游处，空向青云挽夕阳。

游严子陵钓台

钓台百丈引猿猱，佳木繁阴映碧涛。
光武宏怀天地大，严陵亮节古今高。
客星长逝碑文在，旧祠重光日月慆。
吊古抒怀情不已，富春江水永滔滔。

鹅池怀古

兰亭妙笔写经文，名士风流千载闻。
铁画银钩神入化，挥毫落纸气凌云。
山阴道士游仙杳，池上白鹅唤客殷。
无限心情来吊古，鹅池碑下挹清芬。

雁荡游踪之二·雁荡山

雁荡神驰久，今朝得畅游。
峰岩多变幻，泉瀑任飞流。
秀丽称环宇，雄奇甲五洲。
此间山水好，仙境更何求。

旅游新安江杂咏之二·千岛湖

万顷湖光碧，千山一镜中。
西子应逊色，是处足称雄。

西林古寺

西林宝塔薄云天，风雨曾经数百年。
四野春光堪纵目，五茸秋色任流连。
沧桑倏变人间事，钟磬久疏院里禅。
今日新猷能大展，佛光照彻浦江边。

云间掠影

崇楼广厦接云平，巷陌街衢纵又横。
到处园林留雅韵，几家宅第享高名。
虹桥横跨水流碧，佛塔高伸月影清。
今日人文欣蔚萃，九峰三泖更多情。

为浙大八十八周年校庆作

数十年间夕复晨，甘为孺子献青春。
而今四海升平日，一片冰心告母亲。

纪念云间诗社月课创刊一百期

十载诗为友，切蹉气味亲。
清风驱俗虑，朗月洗风尘。
佳句寻非易，妙词炼更新。
论今齐感奋，师古共咨询。
幸有老成在，随时可问津。
百期欣已届，鼓掌祝同仁。
创社人何在？曾经费苦辛！

金婚纪念

华灯焕彩永丰堂，报道金婚喜气扬。
白发仍然坚壮志，青春依旧闪红光。
乐声高奏式相好，诗句长吟寿而康。
蜜意浓情欣有党，天长地久作鸳鸯。

注：2003年9月28日，松江永丰街领导邀请我俩参加金婚典礼。参加者共十对，情况热烈，记忆犹新，爰作此诗，以示不忘。

为陆一飞题安吉吴昌硕临本石鼓文

周道衰微四海沸，宣王发愤乾坤旋。
岐阳蒐猎骋雄杰，禽兽奔驰鱼跃渊。
纪功勒石垂千载，石鼓十枚盛事传。
嗣经丧乱弃岐下，荆棘榛莽没野烟。
后遭劫火屡迁移，十鼓飘零已不全。
鸿文今日剩残篇，风雨饱经千百年。
猎碣摩挲瞻往迹，笔锋竟与史籀缘。
吴公金石原无敌，垂老临摹功更专。
苍劲如金钗落地，晴空星月得天然。
我于石鼓少研究，涉猎无暇亦自怜。
愿将是帖从头学，铁尺勤磨效昔贤。

㊟：己巳立秋，一飞同学以吴昌硕临石鼓文本示余，爱不释手，聊作长诗，以抒予怀。

井冈山与井冈书舍

一

井冈遥望郁葱葱，云海苍茫气势崇。
星火燎原天地变，神州再造仰英雄。

二

两坪茅茨气如虹，曾住伟人毛泽东。
战火纷飞岁月逝，几多烈士血流红。

三

十年岁月悠然去，书舍俨然气象隆。
共喜齿尊心不老，诗文同赏兴无穷。

四

天涯海角谊相通，一片红心情意融。
感激李公倾大力，井冈文化泽同蒙。

步四川中江李武祥同志征和诗

回忆幼时学古诗，父亲桌畔此心驰。
破檐老屋高声诵，摆尾摇头静气思。

音律高低才摸索，阴阳配合怎参差。
寒来暑往光阴逝，摘句寻章一笔持。

昆冈颂五首（选四）

一

地灵人杰有昆冈，晋代机云姓氏芳。
今日英雄欣辈出，河山重建愿堪偿。

二

九峰布厂好辉煌，机器隆隆事业昌。
实现一条龙计划，新型操作水流忙。

三

电视塔高望八方，自行摄制岂寻常。
村中闭路家家有，幸福生涯岁月长！

四

钟楼高筑气皇皇，村里人民可瞭望。
夺秒争分勤建设，新型集镇放光芒。

墨池盛暑

赤日中天照，炎威共感之。
汗多凉无望，风静热难辞。
问字有人至，乘车百里驰。
临池下笔际，读帖用心时。
又送飞轮去，蝉声噪万枝。

诗思

匆匆岁月似穿梭，转瞬青春迅速过。
昔日谈文空理论，而今写句重揣摩。
宜将古调从头唱，不使陈词信口和。
倚马万言须积学，汪洋大海赏洪波。

浣溪沙　故园

忆昔此园栽竹林，晨昏鸟语响清音，慈云霭霭感童心。　　尘海翻腾岁月逝，萧条无复绿阴深，斜阳淡月独沉吟。

松江四鳃鲈四首（选二）

一

巨口四鳃披细鳞，琼筵昔日席间珍。
成名不待时人捧，自有风姿出俗尘。

二

出入长江东海滨，自由天地自然身。
只因博得帝王赞，长使旅人思问津。

秋菊抒怀

不见名园久，今朝得畅游。
只因诸事重，辜负几畦秋。
黄石风华茂，绿荷气韵幽。
愿为陶令客，常与菊花俦。

读《当代浙江山水诗词选》

新诗一卷枕边吟，两浙风光唤客心。
西子湖边寻旧梦，钱塘江畔涤烦襟。
越王台上朝晖朗，合掌峰前夜色沉。
回忆昔时游乐地，诸家手笔感人深。

㊟：读此书，使我回忆大学时代游西湖及解放后近几年旅游事。

九州吟草

■ 李文朝（北京）

刘三姐故里行

宜州灵秀地，下枧有歌仙。
八桂清音绕，千秋彩调转。
深情河岳里，旋律梦魂边。
九城风骚客，高吟会古贤。

上思行

九城文星聚上思，明江蔗海涨新词。
峰峦十万多风雅，一座青山一首诗。

十万大山组歌

一

相传南海浪吞田，神象成群靖恶澜。
千古沧桑风雨后，象群十万化青山。

二

置身十万大山中，石乱泉飞树蔽空。
莫道重峦无去路，条条曲径四方通。

三

青山十万化雄兵，南国边陲筑铁屏。
地网天罗张望眼，狡狐插翅亦难行。

四

叠嶂层峦梦几重，天然富氧醉葱茏。
林间漫步邀彭祖，快意人生诗画中。

采桑子　宜州

情浓梦醉怡神地，山也牵魂，水也牵魂，水眼山眉画意新。　歌仙雅士同高咏，文化宜人，居住宜人，福满龙江四季春。

■ 赵京战（北京）

沛县六首

临江仙 歌风台

暂借村场排御宴，莫惊左右龙牌。家乡父老且开怀。回眸扶剑立，一曲震天衔。　　风起云飞今又是，千秋空负高台。三呼猛士不归来。长亭思旧事，屠狗也成才。

渔家傲 泗上亭

争道小亭天子气，当年此是藏龙地。杯酒攸关天下计，朱栏倚，从容且待雷霆起。　　硭砀斩蛇征战始，长安宫阙轮番替。谁续刘家三十帝？风云际，狂飚再把河山洗。

一剪梅 古泗水泛舟

泗水弯弯锦带飘，细雨轻浇，细柳轻招。飞龙泽畔孕龙桥，佳话条条，史话遥遥。　　岁月无情转瞬抛，射了云雕，误了风骚。河山入眼尽妖娆：水上荷娇，岸上桃夭。

蝶恋花 乘摩托艇游微山湖

摩托艇飞如箭逝，冲破天光，直向湖心刺。欲探水晶宫里事，舷边浪涌分双翅。　　白发临风犹上指，手把栏杆，长了凡夫志。跨海斩鲸今一试，蓬莱有路参差是。

玉楼春 湖心岛南阳镇

绕岸荷花堆浅笑，鹅鸭蹒跚迎客棹。石阶小巷雨潸潸，疑是桃园随梦到。　　龙驾当年临小岛，延德桥头悬大橐。孤臣唯剩老河蛙，受了皇封真不叫。

鹧鸪天 游微山湖遇雨迷路

天水相连雨幕濛，行行无复辨西东。昊天混沌思盘古，碧宇迷茫怨共工。　　停橹棹，问渔翁，片荷丛苇引归鸿。前方蓦见湖堤影，胜似天边出彩虹。

■ 星　汉（新疆）

壬辰春重谒药王山

三十七年光影流，苍松依旧向天抽。
但沿山路追红日，欲借春风染白头。
诗客霜毫缺铁腕，药王灵魄念金瓯。
鞠躬不为身躯健，医国医人两渴求。

参观陈炉镇拟瓷器言

不辞土气敢陈言，一片真情可对天。
窑户操劳牵日月，神州转运满车船。
腰身强硬经风火，肝胆空灵自雕镌。
琢炼千遭君似我，也能成器对苍天。

壬辰春游镇北台遇雪

谈笑登高看画图，天山见惯不惊呼。
黄沙雪片翻轻白，紫塞桃花淡渥朱。
掠地苍鹰来复去，粘云碧树有还无。
凉风如我颠狂甚，唤出晴阳照坦途。

重谒杨将军祠

三年两拜老将军，攀比今朝信有因。
神木风云终入土，天山冰雪未蒙尘。
诚知兵法谋多诈，最怕诗坛情不真。
君握刀枪我挥笔，古今俱是守边人。

再谒成吉思汗陵

我来再拜鬓毛皤，青史重温耐琢磨。
日月升沉随铁马，风云舒卷挂金戈。
荒原鸣镝搜求远，大帐奇谋指画多。
慎唱沁园春里句，版图不比旧山河。

■ 韦秀孟（广西）

春遇

柳絮牵衣草铺茵，与君相遇曲江滨。
岸边桃李芬芳甚，不及心头一段春。

昨夜西风

萧瑟三更倚小楼，半轮山月半轮秋。
琼枝卸果空留恨，霜叶凝珠自孕柔。
过眼烟霞浮幻影，经心妙句惹闲愁。
天涯独有幽香递，寄于金风万里游。

元宵寄怀

银辉才出满平川，自赏花灯忆旧年。
南浦波涛传素简，北窗诗笔入寒烟。
开春未使空余梦，歧路终须有定缘。
愿借元宵明月好，幽情万缕结中天。

■ 李　斌（江苏）

咏菊

寂寞疏篱畔，几丛映夕阳。
叶濡三径露，枝傲九秋霜。
月下亭亭立，风前冉冉香。
原无争宠意，何必忌群芳。

望小孤山

雄浑壮阔海天图，砥柱中流屹小孤。
道是纹螺初出水，又疑高髻未经梳。
豫章楚蜀咽喉地，吴越荆襄锁钥殊。
鱼霸张三何处去，游人指点说彭姑。

注：相传当年彭郎和小姑相爱，遭到鱼霸张三的忌妒和迫害。后来二人跳江自尽。便化成了现在的彭郎矶和小姑山。

游庐山

匡庐秀出彩云间，彭蠡无垠一口连。
三叠迸珠飞翠玉，五翁临水钓苍烟。
湖光浩淼帆樯竞，山色空蒙圣哲眠。
回马岭前谒陶墓，拭苔认读去来篇。

注：陶令墓前共立三碑，右侧一碑镌刻先生的《归去来》辞。

■ 张　鹏（河南）

迎春花

暗处花开六瓣呈，冲寒带雪一枝横。
谅无琼蕊多从爱，愧有金英独自生。
景况堪忧嗟后力，时宜不合误前程。
长天寂寂春尚浅，那得煦风相与盟？

桃花

多情每与著春风，雅韵幽姿自不同。
暖阁朝依云叆叇，晴窗夜枕月朦胧。
红飞香断殷功恨，物是人非梦得忡。
堪笑世间惆怅客，讵能诠释性初衷？

蔷薇花

人家篱畔几株栽，朵朵枝间自在开。
一度疑呼为月季，也曾错认作玫瑰。
色妍著地红绸落，香郁浮空粉蝶来。
不觉东风悄然换，伫眸春意正裴回。

■ 廖志新（四川）

鹧鸪天　暮春

布谷咕咕谷雨风，野蹊桃谢杏残红。蛙声昨夜徐徐叠，蝶影今晨淡淡重。　　收岂梦，累非空。牛犁垄上鸟飞穹。秧苗玉米栽和播，茗采云峰日色浓。

浣溪沙　川南壬辰清明

一

油菜花遮径竖横，晴天行步亦难平。蓬蒿何处是坟茔？　　花粉沾衣留百迹，松丫落影听孤莺。今番方向可分明？

二

扫祭纷纷趁日晴，阴坡野水几青青。蒿莱乱处有坟茔。　　荒犬惶惶闻炮仗，香烟袅袅退黄莺。孤村山下杏花明。

■ 刘　剑（江苏）

故乡行

春风伴我故乡行，柳浪溪边传笑声。
偷眼未逢花锦簇，浣衣共览燕多情。
有心欲问家常事，驻足方怜百岁盟。
别后经年身渐老，残阳写尽亦言轻。

清明

一

枕边得句梦难酬，春霁清明意未休。
海阔难曾添别恨，天高岂可掩离愁。
青山无语花为客，白鹤多情云作舟。
抛却功名归草木，阎罗殿上不封侯。

二

礼士亲贤传古今，清明每到感言深。
床前一口无闲日，坟上三杯少戚音。
孰见黄泉翻苦雨，惟闻白首托苍岑。
香车牧野占春色，千里迢遥说孝心。

■ 张庆峰（山东）

访春

趁闲欲访春消息，戏撵东风上岸矶。
媚眼斜抛河畔柳，一双燕子晒青衣。

题春柳图

乍暖还寒二月时，悄然临水寄幽思。
闲来扯住清风问，燕子今春为底迟？

■ 贺中轩（广东）

春来

春来百花艳，谁不动芳心。
门迓夭桃影，莺啼新柳音。
缠绵蛾半醒，惆怅蝶何寻。
听鹊传佳话，无弦也抚琴。

㊟：无弦，《宋书•隐逸传》“潜不解音声，而畜素琴一张，无弦。每有酒适，辄抚弄以寄其意。”

无题

莫道东风归有期，唯伊霓梦早成痴。
伶仃残月钩魂钓，瘦削寒霜刺眼枝。
老鸹啼哉夕阳下，异乡忘却鬓毛衰。
一场风雪又过去，犹自凛然撑玉姿。

一剪梅　莫怨

莫怨东风梦暖迟。蝶久低迷，蛾又何痴？蜜蜂先采早春时，吐罢芳辞，已许佳期！　　或道而今不再思，忘却琼肌，却梦芳姿。悠悠暗把福康祈，远别毋违，只为心知。

■ 徐章明（河北）

望海潮　题吴昌硕故居

飘零湖海，春潮带雨，淋漓七十年华。楼耸远山，江伸曲巷，汤汤水墨喧哗。秦缶又胡笳。正声荡原野，心驰神遐。石鼓迷离，一庐恍下汉时沙。

乾坤毕竟吴家。钝刀硬入，灵石崩花。斑驳陆离，苍茫静穆，罡风掠上蒹葭。虬树绾龙蛇。一卷流古艳，波染秋霞。红扳终羞，大江东去让铜琶。

鹧鸪天　忆少年春日

寂寞春风动管弦，嫩芽早破冻土间。折枝杏蕊诗初缀，扑帐杨花絮又翻。　　雷隐隐，燕翩翩，哨音沾湿雨余天。绿云裁上青丝锦，蘸写红霞正少年。

碧云深　春日见牡丹

占芳辰，牡丹枝上绿堆云。绿堆云，雨丝风片，滴下浓春。　　玉船风动酒红鳞，碧峰隐到蛾眉颦。蛾眉颦，归心未透，愁煞花神。

落梅风

荒湾古石坠梅英，飘飘姑射经行。凤箫声动烈红冰，泪珠凝。　　半床素被铺寒玉，胭脂雪卧高情。美人邂逅待春明，远山青。

■ 何　鹤（北京）

南京

休问秦淮逝水东，楼群林立没长空。
当年总统府何在？寂寞黄昏烟雨中。

骆宾王纪念馆

竹影婆娑曲径深，鹅声流水共花阴。
当年褒贬携风雨，一曲寒蝉鸣到今。

杜甫新咏

泪眼李唐王气收，斜阳欲尽大江流。
石壕吏捕三更月，茅舍人随一叶舟。
肉尽朱门能不腐？国多寒士总堪忧。
叹它广厦如林日，却为高楼天价愁！

■ 黄秋声（北京）

游蜀思滇行

一

唐剩诗篇清剩楼，飞檐崇丽劝吟留。
芳郊客醉新天府，锦里人非古益州。
前代墨儒茅屋破，后身画偶殿堂幽。
可怜笺纸千金价，难赎当时野望愁。

二

凡今谁是校书才，画壁斑谰雨后苔。
痴蝶冻蝇吊青塚，鲁鱼豕亥掌兰台。
人生到此方知愧，千古风骚同一抔。
明日滇池遥有待，锦江归处骋诗怀。

■ 孔繁宇（黑龙江）

听雨

细雨敲窗针脚轻，相思如絮替谁缝。
春风最是招人恼，珠线斜吹拈不成。

新月

隔窗又见那只船，泊在盈盈云水间。
唤我绿蓑青箬笠，漫抛星饵钓长天。

鹧鸪天　梳头

豆蔻年华不用妆，青丝敢比柳丝长。柳丝怎耐春光短，几度青青几度黄。　寻以往，莫凭窗；燕来燕去太匆忙。桃梳依旧红颜老，一梦惊来鬓染霜。

■ 宋轼林（吉林）

登岳阳楼有题

一

斜阳扶我上楼台，八百湖山列障开。
玉镜平明通峡去，锦屏凝净倒空来。
江南灵气归湘水，诗国风流赖楚才。
忧乐如今谁解问，檀雕照壁独徘徊。

二

亭转廊回入画屏，登临顿觉壮心清。
溟濛暑气熏风色，迭荡湖光白浪声。
两字关情犹在耳，三杯邀醉恰同行。
我来拜谒文章在，不废江河万古名。

■ 潘太玲（吉林）

卜算子　李花

寂寞花开迟，犹待东风解。一展芳姿何必羞，忍把多情却？　　不慕百花红，素蕊痴痴写。一片冰心独自呈，化作阳春雪。

西江月　清明

蚕吐新丝织梦，我持往事调笙。流连脚步恨匆匆，倦饮月华一捧。　　堤上柳眉舒未？园中杏眼如醒。冰心欲解问清明，一缕东风相赠。

点绛唇　秋分

羡煞黄花，年来谁惹伊人瘦？晚风轻叩，秋水拂还皱。　　前世今生，多少机缘凑？经年候，烟云满袖，唯有心如旧。

■ 李　婧（黑龙江）

画堂春　半点词情

零星半点是词情，梦中呓语谁名？溪窗远岫送云亭，紫燕弄春声。　　炫色曈昽似画，抛眸薄雾如绫。金珰玉步扑飞英，切切又盈盈。

浣溪沙　思乡

最喜窗前那抹霞，拈来填作浣溪沙。东君 C调弄胡笳。　　梦里炊烟萦故里，灶前翁妪煮清茶。思春归处正飞花。

■ 孙宝艳（河北）

致友人

佳期渐远付流云，遥望京华又一春。
志向难随黄鹤远，诗思正溅彩虹新。
格超梅上非关雪，品在竹间未染尘。
地老天荒管他甚，此生心许梦中人。

浣溪纱　念友人

别意绵绵他不知，遥遥挥手雨丝丝。任由春绪涨秋池。　阑夜幽深飞短信，痴情缱绻赋新诗。一轮明月碾相思。

■ 徐淙泉（河北）

惊蛰

紫燕归时绿满畦，初闻布谷几声啼。
桃花未绽红先露，出土青芽自看齐。

野花插瓶作

三支盛夏四支秋，蝶舞蜂嘤一并收。
风雨声声常入梦，生活似酒此开头。

游衡水湖

鸟是主人人是客，间关声里泛舟行。
湖光拾取三千顷，便有三千是鸟鸣。

■ 林兴鸿（广东）

河边垂钓得句

无一鱼儿肯上钩，群群队队水中游。
原来里手投鞭处，不在清流在浊流。

故乡秋行

一

故乡九月风光好，蕉绿橙黄满眼秋。
碧水环村开画卷，半江金稻半江楼。

二

西风飒飒稻浮金，遥望家乡景喜人。
绿竹纵高遮不住，千楼万阁耸云新。

三

菊吐黄花香四溢，菜凝晨露绿如茵。
蝶蜂底事翩翩舞？许把秋光误作春。

■ 范义坤（广东）

元宵感怀

莫问今宵醉几回，花街曲唤且重来。
尚期嫩蕊催诗兴，已共钧天对玉杯。
珠水潮涵千里月，云山雨化九洲埃。
莺喧许是芳林艳，万紫千红阆苑开。

瘦西湖

天自寒流蕾自娇，携歌人踏翠湖潮。
一杆鱼动惊翁钓，几点鸥闲听玉箫。
白塔心随云外鹤，邗沟女唱浦边谣。
前朝遗梦今安在，依旧春风廿四桥。

清明返乡莲城初会湘潭诗苑版诸吟长

一湾暮色一肩匀，扑面茶香化客尘。
草长莺飞宜沐野，风清曲曼又逢新。
从来网苑千分魅，难舍家山百样春。
莫道莲城三径远，时闻渔火照归人。

■ 潘　泓（北京）

京华杂咏之春雨三章（选二）

一

毕竟春深境不同，仰头今可试蒙蒙。
朝阳海淀无须辨，都在江南细雨中。

二

缕缕丝丝尽可琴，梅黄时节响乡音，
京都不见篷舟久，谁拨沧浪湿我心。

壬辰清明读南京抗日航空烈士公墓事

南京抗日航空烈士公墓，安葬烈士：中国870名；美国2197名；苏联237名；韩国2名，他们最大年龄没超过32岁。因有些烈士的遗骸已无法找寻，所以有许多墓穴仅是空穴。

紫金山麓听升平，似有当年杀敌声。
烈士所流皆热血，芳郊之恸是空茔。
那堪意识东西异，复使风波旦暮生。
今日悼亡真莫问，几人无骨也无名。

乘公交

车次唠叨似至亲，几多秋水对伊人。
每看趋避踌躕客，常作攀援矫健身。
海屋一间堪寄寓，天街万象且瞻巡。
鼻中所入香何甚，缘是冰肌左右邻。

■ 唐　敏（贵州）

踏莎行　壬辰情人节

一

夜静更寒，魂离心碎。楼高独自凭栏立。苍天也解别离多，替人洒下凄凉泪。　　点点含情，声声如泣。问君可也难成寐？天涯望断了无踪，何时才诉别离意！

二

恨雨愁长，啼莺语乱。子规声里离肠断。前庭又是柳依依，长空不见传书雁。　　粉黛庸施，清词懒看。光阴胜似离弦箭。往来燕子若相逢，请帮转告闺中怨！

苏幕遮　幽兰

峭崖边，幽谷地，瓣瓣芳心，读懂春阳意。一任蓬蒿多妒忌，照旧恬然，照旧风姿丽。　　暖风酥，甘露洗，翠叶芊芊，更有清香溢。何日移栽庭院里？暮暮朝朝，和你敲诗味。

■ 丁垂赋（贵州）

卜算子　桃花

得意遇春风，更赚阳光够。忽见园中似火燃，是你红时候。　　知有几时红？却怕风来骤。开谢都因一阵风，此意谁参透？

鹧鸪天　驻春

万紫千红满眼开，天公著意巧安排。才闻香绕迎人笑，忽见花飞扑面来。　　莺莫语，燕休猜，何时落絮覆苍苔？不能拾取还枝上，且让春光驻我怀。

一剪梅　梦，步清照韵

又会嫦娥桂殿秋，同舞霓裳，同驾仙舟。长庚吩咐酒端来，诗句成时，笑饮琼楼。　　闲看银河静静流，互表心思，欢聚无愁。那堪梦醒尽消除，月下枝头，人在床头。

■ 张道兴（江苏）

鼋头渚杞秀桥

秋凋野老苦无情，磨历沧桑留世名。
秀挹恒春迎客守，静含太古应宾生。
愁来风景游人断，事去岚山道石清。
古木云烟凝垄上，桥边露草滴还惊。

太湖源头

马尖岗谷自天成，茂竹奇松景秀峥。
千仞崖前飞鸟绝，龙须壁上野猿惊。
溪潭环串四时色，泉瀑飞奔万里情。
震泽源头何处在？原来甘水此山生。

㊟: 太湖之水发源于浙江省临安海拔1271米的主峰马尖岗。

■ 戴永平（江苏）

春思

晴日风开燕语频，阶前草长柳初匀。
桃花流水年年在，不见刘郎梦里人。

听潮

年年和月伴潮生，铁马金戈十万兵。
疑是银河盛不住，泻流一霎欲摧城。

夏夜喜雨

昨夜南风叩小窗，唤来好雨任疏狂。
田农难掩心头喜，小酌三杯话短长。

■ 刘先森（湖北）

谒韩城司马迁墓

入云古道衣冠冢，迁客骚人拜史翁。
最憾奇才遭耻辱，遂令后嗣姓冯同。
若无十载寒窗雨，岂有千秋颂雅风。
誉与仲尼齐圣哲，敢教天下习中庸。

暗香　游华清池观《长恨歌》

骊山若古，那几丝秀色，沉迷无数。玉女圣汤，恍惚潺湲正流注。山水唐音未老，时空换、风光依故。长恨歌、日暮时分，箫笛羽衣舞。　　频顾，出浴处。袒帛袂雪腴，撷馥含露。月华共妒，休怪老天降情愫。仙梦萦萦久矣！春带雨、香魂何去？爱美人、丢社稷，迄今难诉！

■ 依　岚（内蒙古）

虞美人　丁香

悠然独赏幽林秀，枝下凝眸久。星星嫩蕊结芳心，淡淡清香知是待谁吟？　　分明思绪参差缀，不叫风揉碎。何人横笛紫云边，留那些些旧梦在眉间。

玉蝴蝶　梨花

枝头谁点轻霜，盈盈一袭香。浅笑对春阳，清心理素妆。　　因风吹乱梦，因雨断柔肠。前路任茫茫，寄情云水乡。

清平乐　民工

打工时代，一叹藏无奈。心在家乡人在外，已惯风吹日晒。　　父亲病榻呻吟，娇妻泪又沾襟。小子还期学费，安能许我清贫？

■ 赵同峰（安徽）

南歌子　母亲

子女添欢乐，辛勤溺爱亲。天真活泼起精神，受苦心甘尘世做常人。　美景痴迷者，奇花别样春。丰功硕德贯乾坤，买静求安慈善献洪恩。

卜算子　三河古镇三县桥

三县聚虹桥，鸡立肥西叫。惊醒庐江日映红，咏唱舒城乐。　清澈小南河，荡漾游船笑。再现清明上河图，古镇风光好。

注："三县桥"头石碑雕刻，因"一桥跨两县，鸡鸣鸣三县"而得名，是肥西、舒城、庐江三县交界处。

■ 戴寿泉（湖南）

生日感怀

性本糊涂直不疑，烟云揉皱老头皮。
登天路径缘神马，坐井情怀蹙盛时。
血压升沉长自测，薪酬浅薄任人嗤。
贱辰不碍芙蓉发，典当清风缀别枝。

临江仙

梅月山花红烂漫，同窗约叙离情。临轩把酒话峥嵘。座间春意满，天色已微暝。　追忆涓江荷露岸，金铃敲破黎明。书声长和鸟鸣声。魂牵三十载，几度梦同行。

苏幕遮　五台山小记

骤滂沱，翻墨黑。菩萨殷勤，凉快江南客。顶上风光无相色。佛净心尘，雨净登山屐。　　探新章，研旧册。邻榻鼾声，亦重平平仄。料是冥思终有得。转辗明晨，参悟高标格。

■ 欧宜准（湖南）

象棋三咏

士象

界河两岸杀声扬，勇士前方为国殇。
纵使城池沦敌手，舍身忘死护君王。

兵卒

披坚执锐过长河，易水萧萧壮士多。
一往无前惊敌胆，危城响彻大风歌。

马炮

总与烽烟并话题，沙场九死伴军旗。
檀溪一跃传千古，酒后茶余更着迷。

■ 涂运桥（湖北）

瞻仰京山聂绀弩故里

经年一醉为谁狂，奇绝人生滋味长。
自古多情伤逝水，不堪余韵绕家乡。
朔风怎折北荒草，炼狱安摧白虎堂。
瞻望京山同哭笑，风流还数楚囚装。

浣溪沙　访纳兰容若故宅

三百年来老眼花，多情公子若流霞，是谁犹在望蒹葭。　　终古闲庭归渌水，一春风絮落天涯，苍苍古木几残鸦。

锦堂春慢　偕八公山人兄谒汉淮南王刘安墓

春日融融，轻车缓步，城高碧树云遮。燕语莺喉宛转，柳织烟霞。丹未炼成人去，豆腐造福千家。念楚风汉韵，穿越千秋，漫绕天涯。　　桃李东风处处，欲求仙学道，不负韶华。君看梨花片片，零落谁嗟。自古王侯多少，有几位、今日犹夸。怕读淮南鸿烈，鸡犬声声，墓畔喧哗。

■ 邱才扬（江西）

暮春

沿途柳色新，绦系故乡春。
翠鸟高枝憩，黄蜂残蕊巡。
暮年常忆旧，往事渐封尘。
还钓清江鲫，孤舟白发人。

夏夜

杯中红酒尽，对影夜阑干。
几粒飞星逝，一弯冷月残。
心弦揉寂寞，羁客苦孤单。
误我多情柳，凭窗带醉看。

灯下忆母

颤手银针抖，佝腰引线长。
朝灯穿鼻眼，移椅靠门墙。
百结衣频纳，千回尺比量。
巍巍身影里，密密补沧桑。

■ 欧阳龙贵（广东）

春花

一树鲜花别样红，缤纷烂漫笑东风。
阳光有意难成梦，春雨无心泪自空。

李商隐

风流才子本多情，苦恨巴山雨不晴。
莫问何时同剪烛，相思一夜到天明。

■ 祁国明（河北）

南歌子　忆游北戴河

雨涤青山黛，潮平海岸沙。笛惊水鸟网收霞。醉与黄昏时候，宿渔家。　　惬意清幽月，开心白浪花。几分回忆梦清嘉。记得前时执手，共天涯。

南歌子　老龙头

巨浪滔天涌，涛声彻地洪。蜿蜒入海舞长龙。夜港灯明星灿，梦重重。　　心浸沧桑里，情喧记忆中。登楼观海惜英雄。不复中华当日，任来风。

秦楼月　孟姜女庙

风声咽，幽幽诉向秦楼月。秦楼月，曾经千古，犹自圆缺。　　听来一路传神说，登高望尽烟尘绝。烟尘绝，长城心铸，何须城阙？

■ 谭永伟（广东）

端午节怀思

意随小雨乱心驰，巷陌粽香把酒卮。
仰寄忧思怀楚水，端阳默读屈原诗。

五十抒怀

已是浮生半百身，乾坤正气一微尘。
兴来也学青莲醉，忧起当随子美呻。
久恋新花吟好句，常将旧卷捧奇珍。
轻霜染鬓应勤步，立品修心向德仁。

■ 吴国宗（浙江）

长城

万里长城万古雄，登临不废赏心功。
根连帝阙蟠华厦，势压云山入太空。
欲阻烽烟秦塞外，为留春色汉宫中。
讵知兴替由人事，谁见尧阶夜挽弓？

赤壁

千年赤壁剩残红，往事悠悠谈笑中。
危势强图三足鼎，奇谋险逞一时雄。
寒儒言志凭诗笔，圣帝施民赖政风。
故垒西边人道是，夕阳长坠水长东。

无题

当年不学经纶策，到老惟求自在身。
卜筑青山云作客，就窗高枕月为邻。
有花移影吟诗案，无事关心钓水滨。
独抱天生疏懒性，应留野趣属闲人。

■ 熊石望（湖南）

游岳阳城

久雨初晴碧叶张，携妻漫步趁朝阳。
文昌古阁思千载，民本新园惠八方。
满眼菖蒲端午近，盈街角黍洞庭香。
人微岂敢忘忧乐，几许江湖几庙堂？

临江仙

未及商量春去也，乍惊偷枕葱茏。蛙鸣雀跃自从容。樟林陈叶尽，枝上石榴红。　踏遍沧桑人事老，回眸万里成空。烟云聚散苦匆匆。今宵圆古月，何处听新鸿？

行香子　怀乡

野菊盈香，浅草侵黄。怅云天、倦懒梳妆。楼台风歇，湖海鸥翔。叹独倚栏，常寂寞，总彷徨。

马向何方，鸟欲何藏？十三年、隔梦偏长。珮环清脆，杨柳颠狂。正蝶飞飞，烟袅袅，日皇皇。

■ 陈斯高（江苏）

病中登清凉山

人情已淡世途艰，病在冰封三九天。
燕子矶前怜雪浪，龙蟠岭上赏寒烟。
心清能读书无字，意远应知琴有弦。
又把大江东去唱，抹涂雄迈亦新年。

东风第一枝　牡丹

着力东君，殷勤暖煦，铺沾一眼青碧。旧枝未减青葱，新芽已凝圭泽。盈盈生意，无寻处、萎黄枯瘠。便神游桑海时空，思系锦笺春笔。　　花焱焱、粉痕渐密；枝袅袅、舞欢不息。喜拥魏紫姚黄，享祈富华恬逸。洛阳如梦，怎消得、灵奔诗积！长歌一曲谢春风，但祝梦随朝夕。

■ 布风华（山东）

登白塔寺

寒山危径柏萧森，突兀盘空起万寻。
俯首崖间分鸟道，骋眸寺顶转玄音。
闲看烟草枯荣事，淡笑红尘名利心。
身傍瑶阶将欲歇，一声黄雀入云深。

登泰之感

朝暮心心低语频，我同泰岳最相亲。
庙添道士为新友，崖立苍松是旧邻。
风雨飘萧腹中气，川原卓拔史前身。
俯观天下沧桑事，笑对红尘假与真。

沿黄河访入海口暮宿途中

举目苍庐三两星，群鸥飞尽日将冥。
天边湮没暮云树，水底漂浮初夜腥。
作伴东流已归海，远行书客乃如萍。
苇丛萤火时明灭，万顷波涛枕上听。

骚坛鸿雪

国风遗韵，民国诗词中的风烟往事

——苏曼殊本事诗十首

■ 楼世芳

其一

无量春愁无量恨，一时都向指尖鸣。

我亦艰难多病日，那堪更听八云筝。

这是苏曼殊《本事诗》的第一首。

1909年春，苏曼殊在东京的一个演奏会上，因一曲筝声的感动，而邂逅调筝人百助枫子，彼此一见钟情，引为知音。两人相亲相怨，日久情浓，或则倾诉身世，或则静坐吹笙，或则挥泪绘像，或则馈赠礼物，直至百助以身相许，曼殊婉言拒绝，酿成一出有情人不能成为眷属的悲剧。这十首诗是苏曼殊当年留学日本，住在陈独秀寓所清寿馆时，忆念与百助的恋爱生活而作。陈独秀对这段情缘比较了解，因而一一依韵唱和。诗抄寄友人后，柳亚子、高天梅、蔡哲夫等南社诗人均有和作。

本事诗，古诗中的一种类型，是一种依据事实，缘情而发的诗歌。

八云筝，即八云琴。用竹、杉、柏制成，长3.6尺，置琴台演奏。曼殊原注：日本古史相传，有神名“须佐之男命”者，降出云国，为斩妖龙，而娶其国妖女“稻田姬”，妖龙八首化云飞起，后人因以“八云”为乐器之名云。

笔者曾在一本苏曼殊诗解中看到，最后一句被解读为“入云筝”，当是误解。

其二

丈室番茶手自煎，语深香冷涕潸然。
生身阿母无情甚，为向摩耶问夙缘。

这是苏曼殊《本事诗》的第二首。

丈室，指的是一丈见方的房间。形容百助住所的狭小。

番茶，是用茶树老叶制成的低质煎茶，也称之为“茶砖”。苏曼殊原注：番茶，日本茶名。

摩耶，摩诃摩耶（Mahamaya）的略称。摩耶是佛祖释迦摩尼的生母。相传摩耶“颜貌端正，诸相俱足，福德智慧，于其世间最为殊胜。”（《众许摩珂帝经》）

夙缘，佛教名词，指前世的因缘。

在介绍这首诗的时候，我们先简要介绍一下苏曼殊的身世。关于苏曼殊身世之谜，历来众说纷纭。从这首诗里“生身阿母无情甚，为向摩耶问夙缘。”的句子来看，曼殊对其生母是有怨情的。

苏曼殊，原名戬，字子谷。后改名玄瑛，曼殊是其法号。他的一生极富传奇色彩。时人对其评价，大体停留在并不反映其本质的“诗僧”、“情僧”、“风流和尚”、“革命和尚”等一类称号上。后来，经曼殊故旧，尤其是柳亚子、柳无忌父子的不懈努力，使得苏曼殊研究得以深入展开，今且按下不表。

苏曼殊的父亲苏杰生，是广东省香山县沥溪村（今属珠海市前山镇南溪乡）人，后来旅居日本，成为横滨英商万隆茶行的买办，娶妾河合仙，一般认为曼殊是河合氏所生。其实苏曼殊的生母并不是河合氏，而是其父与河合仙胞妹若子私通后，于1884年9月28日生下曼殊。未及三月，若子返回家乡逗子樱山，曼殊改由河合仙抚养，直到六岁，随嫡母黄氏回广东祖籍入村塾读书。13岁时，因不堪忍受家人虐待，转至上海学习中英文。15岁遵父嘱，到横滨大同学校就读，其间自感身世，潜回广东出家。重返横滨后，经常出入河合仙处，与河合氏情同母子。1907年，刘师培的妻子何震向曼殊学画，并拟辑印《曼殊画谱》请河合仙作序。河合氏无此文化程度，就由曼殊代笔。曼殊作七言绝句一首："月离中天云逐风，眼影凄凉落照中。我望东海寄归信，儿到灵山第几重？"虽为代母拟作，却也情真意切。19岁那年，曼殊考入东京早稻田大学高等预科中国留学生部，在那里，开始参加推翻清政府的革命活动。

这首诗，写的就是曼殊和百助枫子两人在斗室里，一面煎着茶，一面聊着自己的身世，两人惺惺相惜的情景。"生身阿母无情甚，为向摩耶问夙缘。"他想不通，"生身母亲为什么这么无情，我前辈子究竟做错了什么？要遭此报应？"

其三

碧玉莫愁身世贱，同乡仙子独销魂。
袈裟点点疑樱瓣，半是脂痕半泪痕。

这是苏曼殊《本事诗》的第三首。

碧玉，比喻出身寒微的女子。晋人孙绰《情人碧玉歌》里有："碧玉小家子，不敢攀贵德"的句子。这里的碧玉，显然是指百助枫子。

同乡仙子，应指曼殊和百助。曼殊出身于横滨，百助的出生地恐已无可考，但从句子推论，似也应在横滨，或横滨附近，故曼殊有同乡之说。

袈裟， 曼殊15岁以后潜回广东老家，19岁回横滨，其间出家，袈裟当是曼殊的身份。袈裟上洒落着樱花般斑斑驳驳的点痕，既像脂痕，又像泪痕。

论身世，曼殊与百助有着同样的悲情，但他又在劝慰百助，这两个恋人就像是涸辙之鱼，相濡以沫。曼殊属于那个时代，属于那个时代的文化人，那个时代的青年人，他是有情众生中的独特的一个，又是一个独领风骚的詩人。苏轼晚年的诗，涤尽砚池脂粉痕，而青年曼殊，貴就貴在他的脂粉痕。

其四

淡扫蛾眉朝画师，同心华髻结青丝。
一杯颜色和双泪，写就梨花付与谁？

这是苏曼殊《本事诗》的第四首

“淡扫”句，语本唐朝张祜《集灵台》其二：“却嫌脂粉污颜色，淡扫蛾眉朝至尊。”讽刺的是杨贵妃的三姐虢国夫人。她自从被唐玄宗册封为虢国夫人后，自恃有皇帝宠爱，生活上愈加荒淫无度，并且故意不施铅粉，出入宫闱，以炫耀她的肤色白润细嫩，无人可相匹敌。曼殊这里以“淡扫蛾眉朝画师”，形容百助的面容姣好，自然天成，素面对着画师（曼殊）。

同心华髻，曼殊原注为：“汉元帝时有同心髻，顶发相缠，束以绛罗，今日本尚有此风。”这里的“今日”，指的是民国初年的情形。

古人云：“身体发肤受之父母。”在古代，头发是与身体同样宝贵的，无论男女都十分爱惜自己的头发，头发的文化已成为中华文明的重要的一部分。古人的年龄有时不用数字表示，而是用一种与头发有关的称谓来代替。如：垂髫，是三四岁至八九岁的儿童（髫，古代儿童头上下垂的短发）。总角，是八岁至十三四岁的少年（古代儿童将头发分作左右两半，在头顶各扎成一个结，形如两个羊角，故称“总角”）。豆蔻，是十三四岁至十五六岁（豆蔻是一种初夏开花的植物，初夏还不是盛夏，比喻人还未成年，故称未成年的少年时代为“豆蔻年华”）。束发，是男子十五岁（到了十五岁，男子要把原先的总角解散，扎成一束）。及笄，指女子十五岁（笄是束发用的簪子，女子满十五岁把头发绾起来，插上簪子）。弱冠，是男子二十岁（古代男子二十岁行冠礼，表示已经成人，因为还没达到壮年，故称“弱冠”）。此后便有而立、不惑、天命、耳顺等等之谓。而所谓的髻，又可以简单地归类：士兵结一小撮形如椎的“椎头髻”，少女将头发集束于顶，编结成两个树丫似的“丫髻”。妇人的髻种类就多了，几乎每个朝代都有自己的发髻。据唐段柯古的《香艳丛书》记载：至唐以前的发式有：周文王的凤髻，又名步摇髻；秦始皇的望仟髻、参鸾髻、凌云髻；汉武有迎春髻、垂云髻；王母降武帝宫，从者有飞仙髻、九环髻；太元中，公主妇女必缓鬓欣髻，又有假髻。合德有欣愁髻，贵妃有义髻，魏明帝宫有涵烟髻，魏武帝宫有反绾髻、百花髻，晋惠帝宫有芙蓉髻……不胜枚举。想来后世日本艺妓的假髻，多少也受了中国妇女发式的启发。而“同心髻”就是汉元帝时宫中的一种发髻，曼殊以同心髻为名，即是指百助的髻绾，又暗喻两人同心。

“一杯”两句，曼殊原注“为眉史绘相”。眉史，艺妓的代称，此指百助。和，混和。梨花，比喻女子皎洁的容颜。白居易《长恨歌》：“玉容寂寞泪阑干，梨花一支春带雨。”

这首诗说的是两人在斗室里，曼殊为百助作写生画，或速写，或素描，或工笔，或写意，已无从可考。但百助不施粉黛，天然玉成的美貌，仍给人们留下深刻的印象。然而画成以后，又能留给谁呢？曼殊，一个出家人无比惆怅地问道。

其五

愧向尊前说报恩，香残玦黛浅含颦。
卿自无言侬已会，湘兰天女是前身。

这是苏曼殊《本事诗》的第五首。

尊前，筵席前，此指吃饭的时候。尊，同“樽”。

“香残”句，形容百助神态沮丧、凄然。玦黛，指眉毛弯得像环形玉饰。语本元代倪瓒（云林）《柳梢青》。曼殊当初邂逅百助，彼此一见引为知音。曼殊遂将听筝的感受题写在百助的照片后面，并录上倪云林的词以寄意：“楼上玉笙歌彻，白露冷飞琼佩玦，黛浅含颦，香残栖梦，子规啼月。”所以“香残玦黛浅含颦”，盖缘于此。

湘兰天女，原指马湘兰，字守真，字元儿（又称玄儿），明末金陵名妓，当年“秦淮八艳”之一（先是六艳：寇白门、卞玉京、顾眉生、董小宛、马湘兰、李香君，后加柳如是、陈圆圆）。马湘兰工诗能画，喜交名士。她的声名远播，除了自己固有的才气以外，还与另外一人有关，这个人就叫王稚登。

王稚登字百谷，先世江阴人，移居苏州。从小就很有才气，相传四岁能作对联，六岁善写擘窠大字，十岁能吟诗作赋，长大后更是才华横溢。游仕至京师，成为大学士袁炜的幕客。袁炜得罪了朝廷的首辅徐阶，王稚登受到连累未能得到重用，便回到江南，在金陵的烟花柳巷流连忘返。此时，结识了秦淮河畔的名妓马守真。马出生湖南，酷爱兰花，她的住所取名为“幽兰馆”，其兰花图和兰花诗堪称一绝，文人雅士争相收藏，因此，人们便称她为马湘兰。在24岁那年，马湘兰结识了江南秀才王稚登。王进出于幽兰馆，与她煮酒欢谈，相携赏兰，作画写字，十分投机。他向马湘兰求画，她画了一幅《叶兰图》，还在画上题了一首七绝：“一叶幽兰一箭花，孤单谁惜死天涯？自从写入银笺里，不怕风寒雨又斜。”她以叶兰的幽寂自喻，诉说心曲，暗暗表达了以身相许的心意。

王稚登心中是很明白的，但是他想到自己30多岁，仕途无所作为，断断不能对马湘兰作些什么承诺。因此，两人将对对方的爱慕之心深深地埋藏在心底。不久，京都大学士赵志皋举荐王稚登参加编修国史，王以为人生的转机来了，登舟北上，马湘兰为他设宴送行。进京后，王虽然参加了编史，却受到徐阶手下一批文人的排挤，他受不了气，便毅然南归。此时，他觉得无颜见一片痴情的马湘兰，打消了终生相守的念头，定居姑苏。而马湘兰得知王失意南归，便每隔一段时间去姑苏住几天，同王畅叙心曲，但始终没有发展到嫁娶的一步。王穉登在姑苏成为大名鼎鼎的文学家、书法家，主掌吴门文坛数十载，他同马湘兰的友情也保持了30多年。星转斗移，马湘兰年岁渐老，常常陪伴她的是孤独和凄怆。她填下一阕《鹊桥仙》词，可以看作当时生活的写照："深院飘梧，高楼挂月，漫道双星践约，人间离合意难期。空对景，静占灵鹊，还想停梭。此时相晤，可把别想诉却，瑶阶独立目微吟，睹瘦影凉风吹着。"

王穉登七十寿诞时，马湘兰集资买船，载歌妓数十人来到姑苏，为他举办隆重的祝寿宴会，"宴饮累月，歌舞达旦"。马湘兰还亮出歌喉，高歌一曲，王穉登听了感动得老泪纵横。马湘兰回到金陵，便一病不起，在幽兰馆中，黯然神伤地强撑沐浴，以礼佛端坐而逝，走完了她57年的人生旅程。八年后，王穉登这位被称为"布衣山人"的文士，也随之仙逝。

苏曼殊在这首诗里把百助比作马湘兰，而以王穉登自况，最终以出家为由，婉拒了百助的以身相许。"卿自无言侬已会，湘兰天女是前身。"——你别在饭桌上提报恩的事，我内心深感愧疚。你无须表白，我心里全明白，想来，你的前身恐怕就是马湘兰吧。

其六

春水难量旧恨盈，桃腮檀口坐吹笙。

华严瀑布高千尺，未及卿卿爱我情。

这是苏曼殊《本事诗》的第六首。

檀口，浅绛色的嘴唇。

华严瀑布，在日本栃木县日光山上。高百米，宽十余米，发源于中禅寺湖。曼殊原注：“华严瀑在日光山，蓬瀛最胜处也。”

这首诗在形式上显然受李白绝句：《赠汪伦》的影响，“桃花潭水深千尺，不及汪伦送我情。”

其七

乌舍凌波肌似雪，亲持红叶属题诗。
还卿一钵无情泪，恨不相逢未剃时。

这是曼殊《本事诗》第七首。

乌舍，曼殊原注：“梵土相传，神女乌舍监守天阍，侍宴诸神。”此指百助。

凌波，形容女子步履轻盈。曹植《洛神赋》有：“凌波微步，罗袜生尘”的句子。

红叶属题诗，曼殊原注：“引唐时女诗人韩采频事。”按：唐范摅《云溪友议》：唐僖宗时，书生于佑和宫女韩采频曾分别拾得对方放在御沟题有诗的红叶，后两人成婚，各取出红叶相示，韩采频感慨诗：“今日却成鸾凤友，方知红叶是良媒。”这里曼殊暗指百助以身相许。

“还卿”句，暗用“绛珠还泪”故事。《红楼梦》第一回：绛珠仙草因得石头（神瑛侍者）灌溉之德，五内郁积着一段缠绵不尽之意，常说，“自己受了他雨露之惠，我并无此水还，他若下世为人，我也同去走一遭，但把我一生所有的眼泪还他，也还得过了。”

这首诗既是对百助的表白，也是诗人自己的内心独白。面对百助的示爱，曼殊百般无奈，“还卿一钵无情泪，恨不相逢未剃时。”但话说回来，如果曼殊真的未剃，果然会有这段姻缘么？未必。

其八

相怜病骨轻于蝶，梦入罗浮万里云。
赠尔多情书一卷，他年重检石榴裙。

这是苏曼殊《本事诗》的第八首。

“相怜”句：谓互相怜惜因伤感而生出的病体。语出清袁枚《随园诗话》：“公子或游狭斜，几得于病，父将笞之，公子献诗云：‘自怜病骨轻于蝶，扶上金鞍马不知。’父为霁威。”

“梦入”句，罗浮，山名，地处广东惠州，是我国道教十大名山之一。司马迁当年把罗浮山比作“粤岳”，所以罗浮山素有“岭南第一山”之称。此句曼殊自谓魂系万里以外的故土。并承上句而联想到罗浮的蝴蝶。清屈大均《广东新语·虫语》：“大蝴蝶，唯罗浮蝴蝶洞有之，……以翅为团扇，五色绚烂，金粉流光……本洞中仙种，相传麻姑遗衣所化。”

“赠尔”句，曼殊原注：“余赠以梵本《沙恭达罗》。”《沙恭达罗》是印度古典诗剧，取材于史诗《摩珂婆罗多》和《莲花经世书》，描述国王豆扇陀与修女沙恭达罗的恋爱波折。

“他年”句，曼殊原注：“昔人诗云：‘不信比来常下泪，开箱重检石榴裙。’石榴裙：红裙。多为年轻女子所穿。”此回应“多情诗一卷”。按：此诗传为武则天所作，原载《全唐诗》：“看朱成碧思纷纷，憔悴支离为忆君。不信比来常下泪，开箱验取石榴裙。”

这是一首曼殊回忆当年依依惜别时，模拟留别体的诗作。通篇情感真切，语境凄婉：“我们相互怜惜，因而病体瘦弱，几乎比蝴蝶还要轻。如果真是蝴蝶，我想飞越万里云霄，回到我的故土罗浮山。这一卷多情的诗卷就留在你这里吧，若干年以后，如果你还记得我的话，那就重新翻检出来，你可以重温少女时的梦幻……”

其九

春雨楼头尺八箫，何时归看浙江潮。
芒鞋破钵无人识，踏过樱花第几桥？

这是苏曼殊《本事诗》的第九首。

春雨，曲名。

尺八，是一种类似于洞箫的乐器。曼殊原注：“日本‘尺八’，与汉土洞箫小异。闻传自金人，其曲有名《春雨》，殊凄惘。日僧有专吹‘尺八’行乞者。”

这首诗是苏曼殊久负盛名的绝句代表作，凡有曼殊诗选处，大都可见这首《春雨》七绝。写的是曼殊在日本的云水生涯，以及对故乡的思念之情。

曼殊在日本有很多朋友，除至交陈独秀外，还有章太炎、黄季刚、刘申叔、何震、孙少侯等，最重要的是章太炎和刘申叔。那时章太炎主持民报，刘申叔主持天义报，曼殊和刘申叔同住，常和太炎往來。太炎和申叔都是研究佛学的，精通梵文，曼殊颇受他们的影响。在学问上，除陈独秀外，曼殊和章太炎的关系较深，文字上很得太炎的帮助，但写诗太炎并不曾全力教他。陈独秀曾在言谈中說起：“在日本的时候，曼殊要章太炎教他做诗，但太炎并不曾好好地教，只由着曼殊去找他爱读的诗，不管是古人的，是现代的，天天拿來读，读了許多东西以后，诗境自然进步。”曼殊由此发愤，竟闭门谢客，一个人在小房间里读书和做诗。数月以后，终于从床下捧出一堆诗稿请教太炎，太炎抽出几首，越读越有味道。在一次集会时，他把这首《春雨》读給大家听，读毕，太炎抑制不住喜悦的感情，向着大家說，“曼殊现在写的诗，无人改得一字了。”

其十

九年面壁成空相，持锡归来悔晤卿。
我本负人今已矣，任他人作乐中筝。

这是曼殊《本事诗》的第十首，也是最后一首。

“持锡”，即手持锡杖。此指僧人云游。

“作乐中筝”，曼殊原注：“南汉黄捐词云：‘愿作乐中筝，得近佳人纤手指。’”按：五代十国时期，唐末南海王刘隐去世后，其同父异母之弟刘岩(又名刘陟)在岭南地区建立政权，定都番禺(即今广州)，改年号为“乾亨”，改国号为“汉”，史称“南汉”。未几，为赵匡胤所灭。黄捐的原词为《忆江南》：“平生愿，愿作乐中筝，得近佳人纤手指，砑罗裙上放娇声，便死也光荣。”大意是说，平生所愿，就是能做一面弹奏的古筝。既得以享受佳人纤细的手指抚拨，又能在姑娘的砑罗裙上吟放娇声，如此，死也光荣了。呵呵！南汉有此亡国之声，焉有不亡之理？前番见山东作协某公有“纵做鬼，也幸福”的马屁句子，语义如出一辙。

这首诗是十首《本事诗》的归结。曼殊既已皈依，袈裟在身，却又对爱恋着自己的百助深感负情。在自己理想与情感生活中苦苦挣扎而不得两全。诗中的一悔，一负，表现出曼殊对理想的追求和现实的无奈。“我本负人今已矣，任他人作乐中筝”。曼殊向陈独秀回述起当年的情景时，仍不无惆怅。

我读曼殊

曼殊的十章本事诗，几乎都为百助枫子而作。曼殊在他的《海市蜃楼》中，称百助枫子为天下美人，妙婉无伦。曼殊赠百助枫子的诗，有《为调筝人绘像》二首，《调筝人将行嘱绘金粉江山图》二首，《寄调筝人》三首，在曼殊剩下的八十余首遗诗中，百助枫子差不多占了重要一部分。可见曼殊的本事诗对百助枫子的一往情深，幽绝入骨，为抒情诗的杰作。

曼殊是中国知识分子早期革命组织南社的中心人物，少年立志，参加反帝反清革命，被孙中山引为同盟会同志。在他的挚友中，既有象陈独秀这样的新文化运动的领袖，又有象章太炎这样的反清志士、学问大家。他对自己的养母河合氏极尽孝道，却无法伺奉晨昏；对爱侣百助枫子万般疼爱，却不能给她以婚姻。他袈裟在身，却依然我行我素，常和友人出入酒肆花楼，并不时向往革命。

在读苏曼殊的时候，我时常想起与曼殊同时代的另一位大德高僧——李叔同。苏曼殊与李叔同的初交是在1907年的上海，两人同为南社成员。那时李任《太平洋报》副刊主编，苏曼殊的小说《断鸿零雁记》就是在该报发表的（一说是在《新青年》）。这篇抒家国之情，写身世之恨的自叙体小说深深地打动了李叔同。当他得知作者比自己还小四岁时，就更加佩服这位孤愤的爱国诗僧了。

据史料记载，李叔同的一位友人在李未剃时曾对他说："曼殊一出家，你们这些开伤感主义风气之先的文人就更认定人生是悲剧，是苦空无常。"可见李叔同的出家多少受到苏曼殊的影响。在苏曼殊死后的第十七天，李叔同自称"尘缘已尽"，于1918年7月13日在定慧寺披剃，正式出家。他的日籍妻子返日前，来寺中告别，他坚决不见俗家人，妻子含泪而归。同年九月，在杭州灵隐寺受具足戒，法名演音，号弘一。与世俗生活决裂的态度，比曼殊尤为绝决。

托尔斯泰说：幸福的家庭大致相似，不幸的家庭各有不幸。曼殊和百助枫子这对情人的未能终成眷属，不能用幸与不幸来表述。以我所见，即使曼殊没有出家，他和百助也未必能成眷属，因为曼殊不属于个人，不属于家庭，不属于一庭一院的花花草草，也不属于一年四季的风花雪月。他同民国初年许多革命志士一样，崇尚变革，献身理想，而又不拘泥于形式。曼殊的皈依佛门，是由于"壮士"的理想无法实现，和"美人"的情意不能解脱之后的一种自我救赎。这种皈依并非如有些研究者所说的那么虔诚，而实在是苏曼殊一种无奈的外部行为，并非是一种内在的真诚信仰，因此苏曼殊注定无法救赎自我。他才活了35年，他的英年早逝，既是个人悲剧，更是时代悲剧。

观鱼解牛

清华俊逸，婉约宗师

——浅论秦观的诗

■ 黄润苏

秦观（1049-1100），字太虚，后改字少游，江苏高邮人。宋神宗元丰八年（1085）进士，为“苏门四学士”之一，有《淮海集》传世。

人们都知道，秦观是北宋后期的著名词人，在苏门四学士中最受苏轼的赏识。关于《淮海词》的艺术成就，前人已经广为论述。他的词以淡雅清丽、辞情相称见长，是上承李煜、下启李清照和纳兰性德的婉约词派正宗。但也有人认为《淮海词》题材狭窄，内容单调和情调低沉，这当然是和他的生活局限性和他的坎坷遭遇分不开的。至于秦观诗的成就，则一直为他词的光芒所掩盖。因此在宋代诗坛上未能脱颖而出，跻身苏、黄、陆等名家之列。这种观念相沿已久，致使秦观的许多好诗至今还不为人们传诵。历代诗话中《诗林广记》和《诗人玉屑》曾对秦观的诗有所评论，但多重在绝句；而《唐宋诗举要》所收录的宋诗十七家共一百九十七首中竟没有秦观的名字；《宋诗别裁》、《宋诗选注》和《宋诗一百首》中也仅选入了个别几首秦观的绝句。至于秦观的古诗和律诗则还未受到人们的普遍重视和欣赏。

其实，秦观的存诗有三百五十四首之多，在数量上远远大于他的词作（约八十首），其中古诗、律诗作品占了较大的比重。更重要的是秦观的诗贯穿着他整个的创作时期，前后约达三十年（1071-1100），而《淮海词》则大多写于秦观出仕之后的十几年中（1085-1100）。由于秦诗涉及到的生活内容比较丰富，题材比较广泛，而且情调也是各种各样，因此可以说是一部记录他一生坎坷经历的“史诗”。从他的诗中，不但可以洞窥他早年的田园生活和奔走求仕，盛年的以文会友和宦海沉浮以及晚年的颠沛流离和谪死穷荒，而且可以从中看出他的博学多才和高尚情操，直到他晚年饱经人世沧桑之后思想上转向屏绝尘念，寄情老释的消极人生哲学。因而研究秦观的诗大有助于对秦观的一生有一个比较全面的认识和评价。张綖在他的《淮海集序》中称赞秦观：“旷度高怀，藐万钟而弗顾；坚操劲气，历九折而不回；风流遗韵，隐然如高山巨川。”这些文字虽不免有些过誉，但从秦诗中的自述，也还是可以找到一些印证的。例如：“直心羞媚灶，忠力欲回天”，“君子有常度，所遭能自如；不与生死变，岂为忧患渝。”就可以看出张綖对秦观人品的评价大体是符合事实的。

秦观的古诗和排律朴素无华，情真意切，颇有香山遗韵，可以算是一个现实主义诗人。当然，相对地说，由于他的生活局限性，他的古诗大多还没有跳出个人遭遇和歌颂友情的小圈子。但从他的许多感慨诗中却不难看到北宋后期朝廷腐化，民不聊生，党祸连绵的情景，在一定程度上反映了当时的社会现实。例如，在《赠苏子瞻》中有“缧绁终菲罪，江湖只自怜。饥寒常并日，疾病更连年”；在《自作挽词》中有“昔忝柱下史，通籍黄金周；奇祸一朝作，飘零至于斯。弱孤未堪事，返骨定何时。”等句，反映出当时党祸株连的残酷；在《梦伯牧文公》中有“扰扰天地间，飞鸟不知数。何意独萧条，命与时相忤”；在《送李瑞叔从辟中山》中有“与君英妙时，侠气上参天，孰云行半百，身世各茫然”等句，流露了仕途艰险，壮志难酬之苦恨。甚至在他的《田园》组诗中，也揭露了当时农家生计艰难，租税繁重的景况。如“倒筒备青钱，盐茗恐垂橐，明日输绢租，邻儿入城郭”，“辛勤稼穑事，恻怆田畴语，得谷不敢储，催科吏旁午”。当然，这一组田园诗中还有不少耐人寻味的清辞丽句。如春组中的“宿潦濯芒屦，野芳簪髻根”，夏组中的“林深鸟更鸣，水漫鱼知乐”，秋组中的“迟暮易昏晨，摇落多砧杵”和冬组中的“寥寥场圃空，踮踮乌鸢下”。读后令人感到清新隽永，如饮甘泉，颇有陶潜和王维的田园诗风味。秦观早年曾在故乡亲身体验过田家生活，故写景抒情能使人感到逼真、亲切。

从秦观的另一首古诗《送少章弟赴仁和主簿》中，我们更可以清楚地看到作者的身世、思想和才华，了解他的为人和治学。从篇首“我宗本江南”到“三通桂堂籍”一段，诗人用简练的笔触阐明了自己的家世；第三段从“勿矜孔鸾姿”到“可得三友益”是告诫兄弟戒骄戒躁，谦虚谨慎，何等语重心长！末段则是抒发自己伤别之情以及今后的志趣，可谓委婉动人。这确是一首有较高思想性的好诗。

秦观的古诗中还有一些风格清新的写景咏物之作，例如《和黄法曹忆建溪梅花》：

海陵参军不枯槁，醉忆梅花愁绝倒。
为怜一树傍寒溪，花水多情自相恼。
清泪斑斑知有限，恨春相逢苦不早。
甘心结子待君来，洗雨梳风为谁好。
谁云广平心似铁，不惜珠玑与挥扫。
月落参横画角哀，暗香销尽令人老。
天分四时不相贷，孤芳转盼成衰草。
要须健步远移归，乱插繁华向晴昊。

这首咏梅诗写得哀感顽艳，情恨绵绵。苏轼在当时就誉此诗为压倒林逋之作，足见其评价之高。

与此相对，秦观的律诗和绝句则往往是辞藻妍丽，意境清雅，风格颇似其词，正是晁无咎和张耒所说的“少游诗似小词”之意。这类诗在写景抒情方面别具一格。因为是小品，不能像古诗那样尽情铺叙，故现实政治意义也淡薄得多。但它们同样体现了秦诗的艺术水平。例如他的《游鉴湖》就是一首辞句华丽、意境优美的写景之作。特别是其中的二、三两联，真称得上是天衣无缝的千古绝唱：

画舫珠帘出缭墙，天风吹到芰荷乡。
水光人座杯盘琰，花气侵人笑语香。
翡翠侧身窥渌酒，蜻蜓偷眼避红粧。
葡萄力缓单衣怯，始信湖中五月凉。

写情的律诗则以《次韵子由题光化塔》为例。此诗除了清新淡雅、诗意盎然之外，还证实了东坡所谓少游“通晓佛书”的看法：

古佛悲怜得度人，应缘来现比丘身。
水流月落知何处。花发莺啼又一春。
方外笑谈清似玉，梦中烦恼细如尘。
老僧自说从居此，却悔平时事远巡。

再看秦观的另两首律诗《答曾存之》和《寄钱节》：

环堵萧然汝水隈，孤怀炯炯向谁开。
青春不觉书边过，白发无端镜上来。
祭灶请邻聊复尔，卖刀买犊岂难哉。
故人休说封侯事，归钓江天有旧台。

论月柴门不浪开，命车良为故人来。
茫然极目春千里，尚想愁肠日九回。
绿水池边聊复尔，黄粱枕上信悠哉。
何时共约参寥子，自撷青菁作饭材。

前一首是秦观自怜时乖命舛，怀才不遇的咏叹调。秦观中年方入仕途，却饱经各种坎坷，贫困半生，以至凌云壮志消磨殆尽，而想归隐故园。此诗可能写于他先后两次到蔡州（今河南汝南）任“教授”职务的时期（1085），他身在宦途却穷愁潦倒，但又要保持封建文人的“气节”，因而在诗中以“祭灶请邻”、“卖刀买犊”的辞句表现了一种无可奈何的矛盾心情，道出了封建社会知识分子常有的抱负难展的苦闷。

后一首《寄钱节》可能写于作者一次赴京师考试不中回归家园后的时期，钱节当时“出为扬州从事”，是秦观的密友，参寥子是临安人，一位有学问的和尚，也是秦观的好友。秦观在家闲居无聊中又不免思念二位老友，想请他们来家谈心解闷，但心中又不免凄凉，所以诗中出现了“茫然极目春子里，尚想愁肠日九回”的辞句。

当然，秦观的诗，其婉约绮丽可与他的词相媲美的还是他的绝句。无怪后来谈秦诗的也总是涉及他的绝句。人们经常引用的《春日》中的名句“有情芍药含春泪，无力蔷薇卧晓枝”，虽则曾被元好问讥为“女郎诗”，《臞翁诗评》中也贬之为“如时女步春，终伤婉约。”但千百年来却一直被公认为脍炙人口的佳句；又如《泗州东城晚望》（38）中的“林梢一抹青如画，应是淮流转处山”名句，用一个“抹”字，把白水青山的远景描绘得多么富有诗情画意！真是诗中有画，创意格外清远。还有一首写景绝句《早春》：

黄金蔌蔌满垂杨，尚有春寒到画堂。
酒力渐消歌扇怯，入帘飞雪带梅香。

写景状物像是信手拈来，却是那么清新优美。特别是末句，简直是把早春的景色和气息写活了。

与此对映，秦观还有一首写初夏景色的《三月晦日偶题》：

节物相催各自新，痴心儿女挽留春。
芳菲歇去何须恨，夏木阴阴正可人。

虽则也是写景，但却寓意深长，颇饶理趣，与他的另一首诗《漫郎》“油清显晦惟所遭”，“乃知达人妙如水”有异曲同工之妙，在思想上当是一脉相承的。

秦观与苏轼兄弟是莫逆之交，这在他的绝句《次韵子由召别埭见别》以及在苏辙的原诗中可以鲜明地体现出来。请看：

青荧灯火照深更，逐客舟航冷似冰。
到处故应山作主，随方还有月为朋。

对照子由的原韵：

笔端大字鸦栖壁，袖里新诗句琢冰。
送我扁舟六十里，未嫌罪垢污交朋。

二人之间患难与共的生死之交的深情厚谊跃然纸上，读之感人至深，这也是张綖所说“行义孚于朋友”的明证吧！

秦观中进士后虽然曾在京师做过几年小官，但因收入微薄，家中负担又很重，所以生活上还是有不少困难。为此，他曾以幽默的口吻写了首《春日偶题呈上尚书丈丈》：

三年京国鬓如丝，又见新花发故枝。
日典春衣非为酒，家贫食粥已多时。

钱穆父任户部尚书，读诗后颇为感动，主动关心到秦观的困难，除和诗外还“饷以禄米二石”。于是秦观再写诗表示感激。同时，在这首诗中我们又看到了诗人对老母的一片孝心。诗里说：“本欲先生一解颐，顿烦分米慰长饥。客无贵贱皆蔬饭，惟有慈亲食肉糜。”这个故事恐怕就是张綖在《淮海集序》中称秦观为“孝友出于天性”的事实根据吧。

最后，再引用一首《闻雁怀邵仲恭》：

楚泽吴天去未迟，烦君相傍蒜山飞。
白袍居士如相问，为说淄尘欲满衣。

诗人凭借与飞雁的对话，以白描的手法，朴素的语言来抒发怀念友人的情思，并表白自己的操守。读后令人感到缠绵悱恻，情景交融。其立意之新，构思之奇，更令人不禁想起唐代王昌龄的名诗《芙蓉楼送辛渐》所创作的十分相似的清空明澈的意境，真是耐人寻味。

总之，秦观绝句意境的清新隽永是和他生活的赐予并采用白描的艺术手法所分不开的。它与《淮海词》同样收到了“平易近人”，“淡语皆有味，浅语皆有致”，“清丽中不断意脉，咀嚼无渣，久而知味”的良好效果。从这点看，秦观的诗，特别是绝句和七律是和他的婉约词风一脉相通而相互影响的。从年代先后说可能诗对词的影响更多一些。因为从根本上说，这是秦观的气质和风格所决定的。只不过在秦观的后半生中，政治上和生活上的坎坷遭遇更为突出，这势必要影响到他的思想感情，使他变得更为消沉。也许他感觉在这段时期用长短句来表达他的感情更为合适，更为充分罢了。因此，对秦观的诗词若能加以较全面的介绍、分析，找出其中的本末渊源，则对秦观的诗就能作出应有的评价。

文章到此，附诗以结：

读秦观诗

清华俊逸见情思，婉约新风一代师。
芍药蔷薇遗韵在，千年传唱女郎诗。

《东澜集》序

■ 陈鹏举

人生是一次渡河。每个人许多年，寻找属于自己的桨声。庆幸的是，永高在少年时代就找到了。他找到了什么呢？找到了文字。

这文字，是中国的。这文字出现的时候，鬼夜哭，天雨粟。鬼夜哭，是因为人有了这样的文字开始料事如神？天雨粟，是因为人有了这样的文字，开始有饭吃了？还不止这些。中国文字，每个字是一个世界，是一花一叶一菩提。中国文字是中国人最初的家园和最后的遗产。中国文字造就了最美的毛笔字。这毛笔字是唯一出自人的内心的伟大艺术。中国文字造就了最美的格律诗。这格律诗是中国人独有的伟大文学。

毛笔字和格律诗就是永高渡河的桨声。

永高与生俱来的仁慈和宽厚，让他与文字最初的相遇，就免不了过从一生。

浦东是永高的故里，他带着属于他的文字，让他陶醉的文字，像桨声一样的文字，渡过母亲河，来到浦西，住了下来。

永高写格律诗五十年，他写毛笔字还不止五十年。直到今年，六十六岁了，他想到要出本书，一本有关文字的书。他想起了河，想起了河的波澜，是从东岸漾起的波澜。他把这本书取名《东澜集》。

这本书关于文字，关于文字的姿态和内核，也就是毛笔字和格律诗。我因此感觉和他很亲近。在这浑然和纷扰的世界里，我也觉得只有文字，只有毛笔字和格律诗，最可以信赖。和文字相对，让人毫无倦意。

文字是什么？文字是天上的星斗，星罗棋布。文字是烂柯山上的云子，棋枰纷纭。永高把毛笔字写得星罗棋布，写得云子纷纭，就像星斗在天空，云子在棋枰。永高把格律诗也写得星罗棋布、棋枰纷纭。这是他心处在高处。在这样的高处，人间的离骚变得波声迢迢，人心的钝厚开始穿越历史。用毛笔字写下的格律诗是怎样的一份奇迹？那是中国人的尊严和从容、静定和激越，是内心的依傍和归处。

渡河，是一种向往、一种前往。河水流过，什么都在改变。文字之桨划过河水，留下了河水的年轮和往事，那就是诗。刻舟求剑，人说是一个笑话，其实未必尽然。船舷上刻下的其实是记忆和感受。渡过河去，重新检点那些刻痕，不是为了找回失落，而是记载曾经的失落。

毛笔字和格律诗同是文字的姿态和内核，或者说只有毛笔字和格律诗才是文字的真正姿态和内核。永高是仁人，也是志士。他写的是仁人字、志士诗。他的字浑身静定，是一种不存私欲，行于大道的字。这字延续的是颜柳的筋骨。他的诗宽宏大量，是一种无关鸡虫，静观沧桑的诗。这字看起来相关王孟，其实即使杜甫也只是这样写诗。逝者如斯乎。历史永远以无言的合理的方式，延续它的进程。就像河水一样，流水接着流水。永高以文字为宿命，自然获得了一颗静定的心，他只是以文字，以毛笔字和格律诗，述说和感想着他走过的大地，见过的人事，读过的奇文和翰墨，还有他的梦想，因为文字而开出花来的梦想。

今夜已经很深，应命为《东澜集》写序，写到这里，内心有些感动。文字，或者说毛笔字和格律诗，在过去的许多岁月里，对中国人来说，很家常。永高如生在那样的岁月，他也就是一个寻常的人。可惜也可喜，他生在那些岁月几乎消失的时候，他成为了一种珍贵。珍贵的代价是，原本可以独善其身，现在不得不兼济天下。永高拿什么来兼济天下？他拿出的是《东澜集》。细细读了《东澜集》，我觉得他拿对了。永高让人相信，文字之桨真可以让人渡过河去。

人生，竟如此有戏有诗

——胡晓军著《有戏人生》读后

■ 钱乃荣

打开《上海戏剧》杂志的第一页，总能看到一幅美丽的戏曲人物画，还有一首勾勒该剧情节、抒发该剧观感的古体诗词，这已成了这份戏剧专业杂志的一个亮点。如今，这些如春蚕吐丝般的精美诗词中，有120余首已由作者胡晓军辑为一册，名曰《有戏人生》。对于此书的内容和宗旨，正如作者自己所言："描摹经典戏剧，抒发现代情怀，营造美妙意境，感悟人生哲理。"本文仅从艺术特色这一角度切入做一番评述。

一

《有戏人生》中的戏曲诗词，内容丰富，主题多样，构思灵动，文采闪烁，表现出作者广博的戏曲知识、深透的人生感悟以及观剧的陶醉享受。很难想象若是没有对戏曲发自心灵的爱和悟，没有对诗词在于形神的通与达，能够写出如此众多的佳作。一首《木兰花》简约、形象地表述了作者的戏曲观；

勾红描黛蛾眉秀，妙舞长歌舒广袖。高台谁个主春秋？无外旦生同净丑。　喻今托古从来有，似实却虚藏尾首。详参喜怒与哀愁，物理人情终不朽。

短短一首小令，高度凝练，不仅体现了作者的诗词功力，更表现出作者对于戏曲的透辟理解。作者常将古典诗词的某种意境与传统戏曲的情境巧妙结合起来，呈现别样的审美感受，让读者在戏曲和诗词之间获得通感。戏曲也好，诗词也罢，都须注重意象、线条、色彩的视觉表现和旨趣表达。显然，作者对此不仅了然于胸中，而且璨然于笔下，无论是人是物，俱皆生动鲜活，充满形象感、色彩感和画面感。

诗词贵在含蓄蕴藉，意象动作，更在主题意旨。《八声甘州·西厢记》尽写张生渴慕思念莺莺之情之境，又生许多猜测，结句别开生面，不写两人幽会，而写红娘扣动门环，令人回味：

恨平生无计逐斜阳，催月到西厢。正多愁多病，乍忧乍喜，坐立无常。唯有倾城倾国，方可止神伤。云寂花遮影，漏滴风凉。　　那日寺中初见，算前生已定，今世成双。奈秋波缱绻，一墙阻苍茫。寄幽情、诗联琴递，慰相思、柬约岂相忘。低低叩，启门环处，却是红娘。

诗词外以形象引人，内以思想取胜，两者水乳交融，融汇无间，方为上品。作者充分展开形象思维，运用张弛、动静结合的手法，配合对偶、排比、谐音、双关等修辞手段，不仅强化了形象和思想的力量，而且提高了语言词汇的张力，展示出独特的形式美。如写《借东风》时描写曹操兵败、东吴得胜的对偶和对比：“华容数骑疲奔夜，建业二乔细语时”。《酷相思·李慧娘》将前后两阕进行反复，一问一叹，抒发了冤死鬼魂李慧娘的悲凄激愤：

叶落空庭寒气坠，院门动，悲风起。哭含屈无端成鬼魅。丧相府，奴何罪。入地府，奴何罪？　　隔世前生如逝水，咽不下，伤心泪。只魂魄伶仃难自弃。救士子，奴何畏。叱贼子，奴何畏！

在描写越剧《梁祝》“十八相送”的《拜星月慢》中，作者用了整个篇幅描画这位男装少女对于意中之人渴盼、焦急而又无奈的矛盾心理：

鹊闹梅枝，鸳依荷叶，曲径村烟笼翠。眉下谈间，暗香芬迢递。忆初识，倏忽、三年埋首勤读，不辨同窗姝丽。且喜还嗔，甚愚兄贤弟。　　怨余程，屈指二三里。正思忖，莫若明心字。毕竟慌怯还羞，欲开言何易。问梁兄、曾摘牡丹未？关情处，此语非相戏。此别后，盼早重逢，莫空耽小妹。

而在描写《铡美案》时，作者又借包拯的口吻表达一位清官、同样也是自己的心声——上阕面对秦香莲，下阕笔锋一转，好比扭头对着陈世美：

休惊惧，先实告因由，再尽诉冤仇。为官情似双亲重，忍看弱女泪双流。大堂中，教免礼，唤扬头。　　且勿仰、夺魁金殿上，亦莫仗、至尊公主傍。唯作恶，必成囚。人凭恩义存天地，欺天负地律知否。铡刀开，千种罪，血来酬。

说起风格，作者显然属于婉约词风，其中以《洞仙歌·牡丹亭》和描写《墙头马上》、《西厢记》、《玉簪记》、《贵妃醉酒》等作为代表。然而，根据人物情状和剧情，作品的风格也有变化，雄浑豪放者有《太常引·闹天宫》、《念奴娇·单刀会》；压抑凄清者有《渡江云·击鼓骂曹》、《寿楼春·玉卿嫂》；沉郁顿挫者有《声声慢·徐策跑城》、《扬州慢·酒楼》、《钗头凤·哭像》等。

全书最令人耳目一新的地方，是作者对每首诗词都加了一段白话“译文”。实际上，这是作者为诗词度身定制而作的120余首散文诗，用词精细，结构严整，同样有不少传神之笔，让我们不但领略作者古典诗词的修养，又看到了作者在新诗创作上的功力。

二

上海曾是一座歌舞之城，又是一个戏曲之都，拥有丰富的文化形态和深厚的人文底蕴。这一切，都饱贮于上海人的记忆之中，以至在上海话中形成了一个颇有特色的词语“腔调”。传到如今，在年轻人群中又衍生出一个新词“有腔调”，这是对有品有型、有风度有个性之人的赞美之词。《有戏人生》的作者胡晓军就是一个“有腔调”的上海男人，他不但在作为中华瑰宝的传统戏曲之中流连陶醉，而且在唱念做舞中作诗填词，并将两者合成一件赏心乐事。

晓军从1985年始就读于上海大学中文系。当时，我在中文系二年级开了一门《汉语诗律学》（后易名《古体诗词创作》）的课，晓军和《有戏人生》序言作者张震都是从一年级跳级前来听课的学生。晓军的习作在班中名列前茅，让我对他刮目相看，以至于将他的作业原纸保留至今。在此，不妨抄录他所作的第一首七律和第一首词作：

七律 · 秋雨落英

绵绵细雨缀东轩，小院残英似血痕。
本以初秋花益艳，焉期残夜雨尤昏。
朝朝怨艾轻离树，暮暮思期再合盆。
四顾茫然凭极目，天涯何处觅芳魂。

满江红 · 江夏

菡萏嫣红，纤丝住，凝珠乍养。熏风起，又浓香草，山荫如障。画舫凭栏听远笛，神思飘渺相飞降。料天仙、乐极也如斯，应无枉。　　天鹰翥，水波漾；鹁石历，游鱼攘。一览山间村，竹桥花港。川隐江深浑不觉，渔灯点点夤如帐。忘归程、俗世太荒唐，毋思量。

当年来上我课的学生中，不仅有文科的，还有不少是理科的，我感到后生学诗习词的热情，预料古体诗词将在不远的未来苏醒。作为老师，自然应该严格要求学生，他要学生所交作业必须合律，因为这是打好基础的关键一步。可能出于自身的严谨个性，也可能是出于对经典文化的尊重，晓军从做第一首诗始，就严格合律，以后所作的每首诗词，在结构和平仄押韵上，一丝不苟。这是他的人生习性，并在以后的生活和工作中一以贯之。

晓军不仅才华出众、才思敏锐，而且用心持久、用力恒定。我的每届学生之中，总会发现二三位天赋出众者，遗憾的是他们大多未能坚持，往往因辗转于忙碌、奔波于尘嚣而把风雅之事荒废、丢弃了。晓军是少数能够坚持下来的学生。更可贵的是，他不但坚持了下来，而且把对诗词的爱与对戏曲的好融为一体，开拓和建设了属于自己的诗词时空。诗如其人，晓军一贯的婉约细腻词风，实是天性自然流露，别人是学不来的。可见，只有将自己真正的性情、意趣完全纳入笔下、注入纸背，才会有真正好的、活的、有“腔调”的作品，才会拥有如此有戏的人生。